オペレーション日本

祈りのガイド

日本語第3版

オペレーション
日本
祈りのガイド

日本語第3版

日本の人たちを救い主の光と愛へと導くのは、信者の祈りです。日本の人たちは、あなたの心からの祈りを必要としています。日本では、宣教師を必要としています。教会を率いる熱意に満ちた牧師を必要としています。また新しい交わりをできるだけ多く始めることが必要です。しかし最も必要なのは、あなたが祈ってくださることです。

このオペレーション日本・祈りのガイドの日本語第3版があなたの助けとなり、あなたが私たちと共に神様の偉大なみわざのために祈ってくださることを願ってやみません。

Operation Japan

オペレーション日本
祈りのガイド
日本語第3版

編集者:ドン・ライト
副編集者: 福島晶子
表紙デザイン: コートニー・デューゼンベリー

2023年 日本語第3版
operationjapan@comcast.net

目次

本書に関して

各都道府県の最初のページには、皆様にお祈りいただくためにいくつかの統計的資料を記載しています。資料は以下のような4種類に分けられます。①都道府県の基本情報、②教会未設置の市町村、③教会の数と人口に対する割合、④宣教師の数と人口に対する割合。必要な場合には、インターネットで情報を検索することができます。また興味のある方は、オペレーション日本の完全版をダウンロードしてください。＜operationjapan@comcast.net＞

日本では2005年から2006年にかけて、多くの市町村が合併しました。その結果、政府の統計の多くが変更を余儀なくされました。2005年版では2,406町村のうち、教会未設置地域は1,633でしたが、現在では926町村の内、教会未設置地域は524です。これは教会未設置の地域数が減少したわけではなく、多くが近隣の市町村と合併して現在は別の自治体の一部になったためです。合併によってわかりにくくなっていますが、依然として教会がない地域も多いのが現状です。

[出 典]

日本統計局　＜http://www.stat.g.jp＞
ウィキペディア　最新人口統計
クリスチャン情報ブック
　教会未設置地域、プロテスタント教会数、日本国外の日本語教会数、各地の初期教会開拓に関する歴史的情報
キリスト教年鑑2020-2021年版　教育・医療・福祉機関に関する情報
JEMA宣教師ディレクトリ2022年版　宣教師に関する情報
＜聖書　新改訳＞聖書　新改訳2017©2017 新日本聖書刊行会

その他のオペレーション日本に関する資料については、下記にお問い合わせください。
＜operationjapan@comcast.net＞

オペレーション日本の歴史

オペレーション日本は、ベストセラーです！

今あなたが手に取っているこの本は、オペレーション日本の日本語第3版です。以下で簡単にこれまでの変遷をご説明します。英語全6版と日本語全3版の作成に誰が奉仕したのか、詳細な情報が必要な場合には以前の版をご覧ください。神様にすべての栄光がありますように。

1. オペレーション日本、第1版1997年。日本語と英語で出版されました。三森春生牧師が執筆し、その後英語に翻訳されました。日本語版は2刷で合計4,500冊でしたが、キリスト教書籍の販売数が2,000冊だった当時としては、ベストセラーでした。英語版は3刷で合計9,000冊が販売されました。

2. オペレーション日本、第2版2000年。この版は初版から3年後に出版されましたが、偶然にも第4回日本伝道会議（沖縄、6月27日〜30日）の開催と同じ年でした。日本語・韓国語・英語で出版されました。

3. オペレーション日本、第3版2005年。この版は英語のみです。その後2007年には、CDで日本語と英語の２か国語による完全改訂版を作成しました。リーチング・ジャパニーズ・フォア・クライスト(RJC)、JCFN、セカンド・レベルなどの組織や宣教師のためのCDを作成することが可能になりました。

4. オペレーション日本、第4版2012年。このデジタルPDF版は英語のみです。2005年版を元にして、統計数値を最新のものに変更しました。

5. オペレーション日本、デジタル第2版2018年。この改訂版は最も大規模な企画で、英語と日本語の両方を合わせて600MBにもなりました。CDの利用が減る中で、ダウンロード形式を採用しました。

6. オペレーション日本、第5版2019年。アマゾンのキンドルで、英語のペーパーバック版が出版されました。

7. いくつかの新しい形式でご利用いただけます。1番目は、フェイスブックでオペレーション日本に参加する方法です。英語では https://www.facebook.com/groups/operationjapan/、日本語では、『オペレーション日本　祈りのグループ』です。毎日祈りの課題を投稿し、また必要に応じて更新しています。2番目は、オペレーション日本2018の完全版をダウン ロードする方法です。これは英和2ヶ国語です。ご希望の方は、operationjapan@comcast.netまでご連絡ください。

8. この日本語第3版は、日本の救いのためにより多くの人に活用していただけるようにという祈りとともに発行します。福島晶子が翻訳し、統計数値をドン・ライトが更新しました。

日本のために日々お祈りくださっている方々に感謝を申し上げます。どうかこの最新版によって、さらに多くの祈りが捧げられますように。

オペレーション日本の祈りとは

1. 日本と日本の人々のために祈る時には、どうぞ日本全体についてお祈りください。祈りのために多くの有益なツールがありますが、オペレーション日本は、1年で日本全国にわたって祈ることができるようになっています。

2. 日本と日本の人々のために祈る時には、キリスト教の宣教に関わる全てのために祈りを捧げましょう。ここではとても小さなことをも取り上げています。キリスト教の働きとして力強く始められた学校や病院の中には、もはやキリスト教とは名ばかりになってしまった所もあります。オペレーション日本では、皆様にお祈りいただくために、そのような施設も含めました。建物に掲げられた十字架だけが残っていることもあるでしょうが、そのような場合にも私たちが祈れば、神様はそれさえも人々の心への働きかけとして用いてくださることができるのです。

3.ここに記載したほとんどは、プロテスタントの情報です。これは皆様の祈りを限定するものではなく、カトリックと東方教会の情報があまり入手できなかったためです。日本におけるより広いキリスト教の働きのために、ぜひお祈りください。

4. オペレーション日本には多くの情報があります。中にはこの本を実際に使う時に、古くなってしまっているものもあるでしょう。しかしどうぞこれらの情報を用いることによって、1人1人、1つ1つの教会、そして指導者たちがあなたのお祈りを必要としていることを思い出してください。

5. 最後にオペレーション日本が、日本と日本の人々にとって福音を伝える有益な手段となるためには、私たちの祈りを通して神様の御霊が力強く働いてくださること、そして主が今も働いてくださっていることを信じる信仰が必要です。考えてください。次の日曜日に、日本に7,835ある教会のうちたった1つででも、力強いリバイバルが起きたらどうでしょうか。あるいは100以上ある神学訓練校のチャペルを主が人で満員になさったら。同志社大学の30,602人の学生の中の1人、キリスト教系幼稚園に通う12万人の子どもの中の1人でも、心を躍らせて両親にイエス様のことを話したらどうでしょうか。聖霊様が多くのキリスト教系施設や組織を通して、人々をイエス様へと運ぶ新しい流れをもたらしてくださるように、共に祈り、期待し、信じましょう。

教会のための重要な祈りの課題

1. リバイバルと教会の一致
　日本の教会は160以上の教派に分かれています。大別するとカリスマ派・福音主義派・主流派ですが、それぞれはっきりした違いがあり、相互の連携や協力はほとんどありません。壁が取り払われ、ヨハネ17:21のようになりますように。日本中でリバイバルが起き、聖霊によってそれぞれの教会が効果的な福音の証しとなり、新しい力を得ますように。

2. 指導者訓練
　牧師には献身者を訓練する計画と、その計画を実行する力が必要です。教会は徐々に増えていますが、神学校入学者が少ない事と、引退する牧師が多い事で牧師の数がとても不足しています。主が日本の教会に、IIテモテ2:2にあるような人たちを送って下さるように祈りましょう。一般人を対象とした聖書学校では参加者が増えていて、心強い兆候です。

3. 弟子訓練
　日本では同調圧力が常にあり、聖書が語る真実を日々適用していくのはとても大変なことです。受洗をした日本人の多くが5年以内に信仰から離れる傾向にあります。主が豊かな恵みを与えてくださり、ローマ2:2-20に書かれているような生活ができるようにお祈り下さい。

4. 礼拝の再活性化
　多くの保守的な教会では、儀式重視の礼拝形式によって聖霊の活力に欠けることがあります。主が、主の御名を讃える新しい歌を与えてくださるようにお祈り下さい。

5. 宣教
　日本の教会は、他の国にとって祝福となる歩みを始めたばかりです。世界中の国のための計画と責任を、主が教会に与えてくださるように祈りましょう。第二次世界大戦中に日本軍がアジアの人々に対して行なった事の記憶も依然として残っています。日本がアジア諸国にとっての癒しと祝福となるように、主に祈りましょう。（イザヤ49:6）

教会を取り巻く祈りの重要な課題

ここでは、日本の教会に直接影響を及ぼしている、日本が直面している問題を取り上げます。どうぞお祈り下さい。

1. 宗教的カルト集団・異端

過去30年以上にわたって、若者をターゲットとする新興宗教のカルト集団が数多く生まれてきました。こうした団体は、瞑想、ヨガ、マインドコントロール、苦行など様々な方法による内面の充実を約束して人々を引きつけます。1995年には、カルト集団のオウム真理教がサリンガスを東京の地下鉄とその他の場所でまくテロ事件が起きました。この事件は日本のみならず世界中に大きな衝撃を与えました。またカルト集団で使われるマインドコントロールは、メディアで大きく取り上げられました。これは、神様の言葉の真実を教会が宣言する大切な機会となりました。

エホバの証人やモルモン教、その他多くの宗教団体が日本で活動しています。エホバの証人は1998年に信者数を増やし、約22万人で高止まりしています。(出版物から引用) モルモン教は11万4千人、統一教会にはエホバの証人やモルモン教より多い信者がいるようです。

2. 社会の宗教離れ

2005年8月に行われた読売新聞の調査では、4人中3人がどの宗教も信じていないという結果がでました。調査での質問と結果は、以下の通りです。

質問:「何らかの宗教を信じていますか?」
答え:「はい」23%,、「いいえ」75%
質問:「宗教は大切だと思いますか?」
答え:「はい」35%、「いいえ」60%
質問:「神や仏にすがりたいと思ったことがありますか?」
答え:「はい」54%、「いいえ」44%

上記の調査結果で、75%の人がどの宗教も信じていないと答えましたが、44%の人は時に神仏の助けを望むと答えました。

3. 都市離れ

大都市の居住者がより良い生活環境を求めて郊外に移り住み、東京と大阪は人口減少傾向にあります。平均的な通勤時間は片道2時間にもなり、主要な都市の郊外にある巨大なベッドタウンには、日中ほぼ人はいません。こうしたコミュニティに福音を伝えるには、新しい宣教の方法が必要です。ただ、現在は都心近くに ある大規模分譲マンションに移り住む人たちも増えてきて、逆転現象も起きているようです。

4. 高齢化社会

日本では高齢化が問題となりつつあり、それに従って日本の労働人口の減少が予測されています。また高齢者施設に入所するには、長い間待たなければいけません。これまで日本では数世代同居が当たり前でしたが、若い世代の人たちはお年寄りを高齢者施設に送り、多世代同居はなくなり始めています。キングス・ガーデンのようなキリスト教主義の高齢者施設は、このような状況において福音を伝える良い機会を模索しています。

5. 若者の問題

新聞の調査で、中学・高校の女子生徒が5万から10万円で社会人に売春をしていることが判明し、親たちは注意をしなければいけません。教会の日曜学校出席者は減少傾向にあります。特に中学校に入ると、教育現場での激しい競争によって、若者を教会に留める事は難しくなっています。福音主義のある大学教授は、「今の若者の状態は、教会のメッセージが役に立たないということを示す指標である。」と語っています。

6. 経済的不況

コロナ禍での深刻な経済状況下で、日本でも破産、失業者、倒産による自殺者が増加しています。困難な状況にいる多くの人たちが、神様のもとへ来ることができるようにお祈りください。

7. 教育の問題

日本では規制緩和によって教育システムが大きく変わり、より広範囲の選択カリキュラムやグローバリゼーション・IT技術教育が促進されるようになりました。道徳や倫理教育への関心も高まっています。最近の調査によると日本人の76.9%は英語が話せないという結果が出ました。これは、教会が今後も英会話プログラムを提供できる機会です。

学校では「いじめ」が深刻な社会問題となっています。いじめによって多くの子供たちが不登校や退学になったり、また11歳という若さでの自殺さえ起こっています。

『オペレーション日本　祈りの課題』は、PDF形式と、600MB以上の拡張デジタル版の2種類があります。こちらにお問い合わせください。operationjapan@comcast.net.

日本

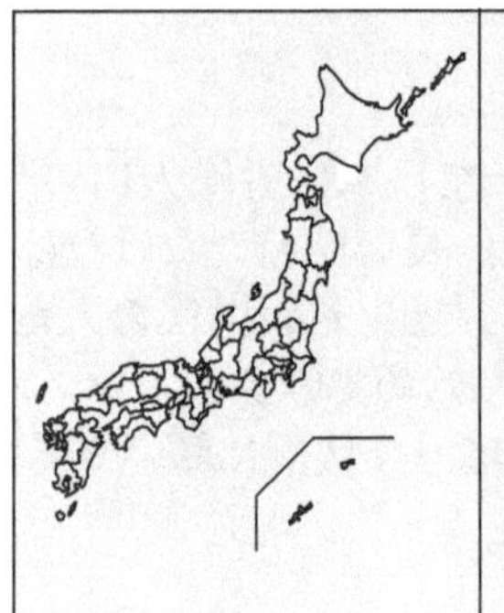

人口	125,470,000人	面積	377,973 km²
		密度	332人/km²
首都	東京		
市	792		
教会のない市	21	教会が1つしかない市	98
町/村	932	教会のない町/村	524
		人口2万以上で教会のない町/村	25
教会	7,442	1教会あたりの人口	1:16,860人
宣教師	1,601人	宣教師1人あたりの人口	1:78,370人

日本は太平洋の北西、アジアの東側に位置する島国です。日本の領土は、北はオホーツク海から南は東シナ海にまで伸びています。本土4島は、大きさの順に本州・北海道・九州・四国で、この4島を含む14,125の島々が、長さ約3,300kmの弧を描いて並んでいます。一連の山々は狭い地形を更にひしめき合わせ、多くの火山帯がその間を縫って入りくみ、時には災害をも引き起こす複雑な地理的特性を形作っています。日本の国土のほとんどには四季の区別があります。

記録に残る日本の歴史は6世紀に始まりました。しかし仏教は6世紀に伝来し，これに先立って、2～3世紀頃に中国から文字が伝えられました。この頃までに大和一族が国内で最も勢力のある一族となり、一族の長達が日本の皇室の先祖だと考えられています。

仏教は人々の個人的・政治的な面において大きな影響を与えてきました。1つの顕著な例は、全ての人が土地の寺に属するという、徳川幕府によって確立された檀家制度です。古来からの民間信仰、中国から伝わった道教や陰陽道もまた日本の文化に重要な影響を与えました。

明治政府は神道を仏教から分離する政策を取り、国家神道に最高の地位を与えました。それが軍国主義と相まって、日本は第２次世界大戦という不幸な運命へと導かれることになりました。混合信仰は多くの日本人を霊的に支える基となっています。

日本の人口はおよそ1億2,500万人ですが、信仰帰依者の総数は1億8千万人となっています。割合を概算すると以下のようになります。

神道　8,792万人
仏教　8,397万人
キリスト教 192万人
その他　734万人

神道では、ほぼ半数が神社に正式に登録し、その他は土地の氏神に関係しています。仏教では、そのほとんどが個人の信仰ではなく、土地のお寺と関係した家族単位のものです。その他のカテゴリーは分析が難しいのですが、クリスチャンの統計は正規の信仰告白を基にしています。もし、神道や仏教の会員数に同様の基準を当てはめれば、その数は非常に減少するでしょう。

日本人の総数が1億2,547万人で、信仰帰依者が1億8千万人であると言っても驚きには値しません。子供が生まれると神社で祝い、結婚式はキリスト教か神道で行われ、葬式は仏教の僧侶が執り行ないます。全てを混合するということは、日本では「普通の」生活様式なのです。

祖先崇拝はインドの輪廻信仰とは異なり、春分・秋分やお盆を中心にした習俗と混じり合ったもので、古代日本を起源とするか、中国や韓国からもたらされたものかのいずれかでしょう。

信じるのが神道であれ仏教であれ、日本人は全て祖先崇拝という点では共通しています。日本人の言葉や文化はこうした考えから大きな影響を受けています。一方でキリスト教は、神のことばに根ざしていて、祖先崇拝を禁じています。祖先崇拝の問題にどのように答えるかが、日本の伝道にとって重要な鍵なのです。

出生数の減少が続く

総務省統計局によると2021年の日本の出生数は、1世紀以上前の1899年に統計を取り始めてから最少の811,604人を記録しました。高齢化と人口減少に直面している顕著な証です。

出生率は前年から約0.2減少して6.6になり、1899年に政府が統計を取り始めてから最低となりました。

政府は長年出産を奨励してきましたが、人口は減少の一途をたどり、高齢化が進んでいます。

総務省統計局の2021年の推計によると、65歳以上の高齢者は総人口の28.9%を占め、これまでで最高を記録し、一方で15歳未満の子どもの割合はこれまでの最低の11.8%に減りました。

日本の犯罪

警察庁によると2021年に起きた犯罪は、7.5%減の568,148件(暫定値)で、7年連続で戦後最少を更新しました。犯罪件数は2002年の285万件をピークに減少しています。

1

日本の救いのために祈りましょう。5,572万世帯、1億2,550万人の日本人が救い主のもとに来ますように。今年のうちに、それぞれの家にどのようにかして福音が届きますように。元旦の今日、お寺や神社に参拝している人の1割でも、この新しい年に教会に導かれますように。

2

海外に住む日本人のために祈りましょう。(2021年現在　139万人以上。長期、及び短期滞在者を含む。)最多はアメリカの44万人、次いで中国の12万人です。世界中にある日本語教会のためにお祈りください。海外で救い主への信仰を得た人の多くが、日本に戻って困難に直面します。なんとかとけこもうとしますが、多くの人が離れてしまうのです。海外で信仰を持った人々や福音に関心を持った人々が、日本で教会につながることができますように。またそのような帰国者たちを援助している人たちのためにもお祈りください 。

3

約282万人の在留外国人のために祈りましょう。中国出身は745,000人、ベトナムは450,000人、韓国は416,000人です。国によっては、クリスチャンの割合が日本よりも多いのですが、名目だけの信徒も多いのが実状です。また福音から閉ざされている国から来ている人もいます。

日本では約2,000人のプロテスタント宣教師が奉仕していて、またさらに多くの人が短期宣教に来ています。彼らが日本で働く上で、1人1人に主が特別な祝福を与えてくださるように祈りましょう。彼らがキリストのための役に立つしもべでありますように。

4	日本のクリスチャンのために祈りましょう。プロテスタント教会の礼拝に毎週出席している28万人と、教会員として教会に所属している54万8千人の人々が、信仰において成長し、主に忠実でありますように。教会信徒は人口の0.44%しかいません。教会が霊的にも数においても成長するよう祈る時、プロテスタントの信徒数と礼拝出席者数が、1955年以降わずかしか増加していないことを覚えてください。クリスチャン情報ブックによると、教会員数は2006年に407,273人、2018年に417,087人、礼拝出席者数は2006年に258,668人、2018年に262,360人でした。礼拝出席者が増えるよう、特にお祈りください。 未信者の家族を持つクリスチャンのためにもお祈りください。クリスチャンの多くは、家族の中で唯一の信者であることが多いのです。
5	聖書に「王のために祈れ」とあるように、天皇と皇室の救いのために祈りましょう。彼らが聖書を読んで救われ、まことの王に従うことができるように祈りましょう。 この国の「全ての高い位置にある人たち」、閣僚、国会議員、地方議員、その他の公務員が救われますように。また数少ないクリスチャンの政治家や公務員が、イエス様をよく証しすることができるように祈りましょう。
6	全世界でキリストのために労している数百人の日本人宣教師が、効果的に宣教を行うことができますように。またこの宣教の働きに、より多くの人が起こされるように主にお願いしましょう。そして宣教師が宣教報告や休暇で帰国した時に、彼らの献身的な働きが地元の教会を力づけ、それぞれの教会が地域に対して福音の重荷を持つように祈りましょう。

1月7日〜12日　北海道

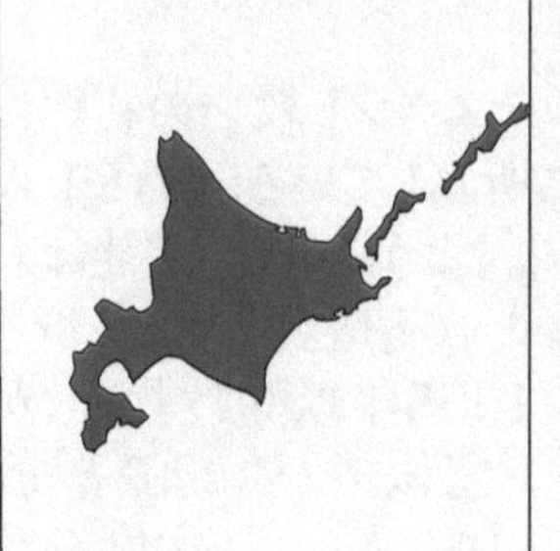

人口	5,163,605人	面積	83,423 km²
道庁所在地	札幌市	密度	61.8人/km²
市	34	教会のない市	2
		教会が1つしかない市	4
町/村	150	教会のない町/村	85
教会	400	1教会あたりの人口	1:12,909人
宣教師	73 人	宣教師1人あたりの人口	1:70,653人

北海道は日本の都道府県の中で最大です。溶岩台地が多く、山の斜面には森林地帯が広がっています。

北海道では農業・林業・漁業・鉱業が盛んで、全国でも上位を占めています。しかし近年のエネルギー改革や産業需要の変化によって、経済が低迷しています。

古くは蝦夷として知られていた北海道のアイヌ民族は、縄文時代には日本中に居住していたと考えられています。またアイヌ民族は、日本人と同じ祖先を持つと考えられています。鎌倉時代には、多くの日本人が北海道に移住しました。

多くの面で北海道は、福音にとって肥沃な土地であるということができるでしょう。日本の他の地域とは異なり、文化面で長く保守的な歴史に縛られてはいません。その一方で、北海道の神社では、かつての国家神道の強い影響が残っています。北海道全体で神社の祭礼が復興しています。

1861年にロシア正教の司祭ニコライが、函館に上陸しました。当時はまだ日本でキリスト教が禁じられていたので、彼はまず日本について勉強をしました。その後彼は東京を中心に布教しましたが、働きは北海道と東北へも広がりました。日本での正教会の呼び名は、ハリストス正教会です。

北海道でのプロテスタントの働きは、1874年1月に、メソジスト派のアメリカ人宣教師M.ハリスとイギリス人宣教師W.デニングが、函館に到着して始まりました。その年に2人が洗礼を受け、1876年にはさらに2人が受けて函館教会が始まりました。

1876年に始まったウィリアム・クラーク博士の活動も、北海道に多大なキリスト教の影響を及ぼしました。彼の有名な「少年よ、キリストのために大志を抱け！」という言葉は、数え切れないほど多くの青少年を奮い立たせました。そして戦後には多くの外国人宣教師の働きによって、確固たる福音の礎が打ち立てられました。

7	無牧の教会のために、そして厳しい冬、人口減少、また経済面で困難に直面している人々のために祈りましょう。北海道で宣教している73人の宣教師たちのためにもお祈りください。
8	テレビ番組「ライフ・ライン」(日曜午前4:45)、そしてラジオ番組「世の光いきいきタイム」(日曜午前6:20)を通して離れた地域へも福音が広がっていくように祈りましょう。
9	札幌市にある北海道クリスチャンセンター、ひだかバイブルキャンプ、その他の施設を覚えて、主によって有効に活用されるようお祈りください。
10	北海道では5つのプロテスタントの学校に約11,500人、61の幼稚園と10の保育園に6,000人以上が通っています。福音が明確に感じられますように。北海道聖書学院には7人の学生、CFNJ聖書学院には35人の学生がいます。主の祝福をお祈りください。
11	札幌市内には比較的大きな病院がいくつかあって、医療と共にイエス様を表すことができるように奉仕をしています。スタッフ1人1人が今日も主の臨在を感じるように祈りましょう。
12	教会が必要な多くの地域で教会が始められるように祈りましょう。赤平市と歌志内市にはまだ教会が1つもありません。この2つの市は炭鉱の閉鎖により人口が激減してしまいました。1つしか教会がない4つの市のうち、登別市は人口が4万人以上あり特に教会を必要としています。150町村の中で85には教会がありません。さらに2万人以上の人口がある5つの町は近隣の市と合併しました。中でも人口が多かったのは、音更町(43,555人)と上磯町(38,471人)です。 北海道では、市町村合併前に121の町や村に教会がありませんでした。合併によって教会のある自治体の一部になった、それらの町と村のためにお祈りください。

日本は豊かに発展をとげていますが、子どもの数は劇的に減少しています。その傾向に加えて、多くの子どもは、学校・塾・スポーツなどで、日曜日も時間がありません。ほとんどの教会では、子どもたちと接する機会を模索しています。

1月の第2月曜日は成人の日という祝日です。18歳になった若者が、各市町村の会場や神社、あるいは教会でお祝いをします。

日本のプロテスタント、及びカトリックの学校では50万人以上の青少年が学んでいます。彼らは保育園、幼稚園に通い、そのまま付属の大学やその上の大学院課程にまで進みます。これからそれぞれの都道府県のために祈る時に、特にそのような学校の職員や若者たちのためにとりなしの祈りをお願いします。

13

hi-b.a.(High School Born-Againers)高校生聖書伝道協会は、1951年に日本で始まりました。このグループは高校生たちをキリストへ導くことと、伝道と弟子訓練を目的としています。渋谷のhi-b.a.センターなど全国各地での週1回の対面とオンラインでの集会、春・夏・冬のキャンプ、オンラインセミナーなどを開催しています。

インターナショナルhi-b.a.は日本にあるインターナショナルスクールに通う宣教師・外国人ビジネスマン・米軍関係者・日本人の子どもを対象にしています。夏にはインターナショナルの高校生たちが、ゴスペルチームとして日本人の高校生と関わり、福音を伝える機会を持ちます。毎年インターナショナルキャンプがあり、千葉県のhi-b.a.キャンプ場での海辺の活動など、良い交わりの時を持つことによって、参加者がイエス・キリストに出会う機会となっています。

14

キリスト者学生会(KGK)のために祈りましょう。1947年に日本のクリスチャン学生によって始められ、約200以上のキャンパスでミニストリーを行っています。これまで800人以上の学生が関わってきました。学生たちはお互いを励ましあい、聖書の言葉を深く学び、そこからクラスメートへ証しをしていきます。それぞれの教派を尊重した超教派です。KGKはInternational Fellowship of Evangelical Student(IFES・キリスト教を主体とした海外の学生との交流)を1952年から始めました。参加国は150か国以上です。またKGKは3年ごとの国際会議を行っています。

日本CCC(日本キャンパス・クルセード・フォー・クライスト)では、88人の宣教師と47人の日本人職員が活動しています。主要な大学、若い社会人や家庭への伝道をしています。夏期には地方の教会と協力して、教会未設置地域に届くように福音教材を配布しています。

15

国際ナビゲーターは、弟子教育に主眼を置いた団体です。39人の日本人と26人の外国人職員が、日本中の10都市で活動しています。この働きには学生や社会人、その家族たちとの活動などが含まれています。サマープログラムでは海外から大学生を招いて、キャンパスでの伝道活動を支援してもらっています。

Bestという、おもしろいプログラムがあります。それは Bible discussions(聖書の学び)のB、English Practice(英語の勉強)のE、Sports(スポーツ)のS、Travel(旅行)のTそれぞれの頭文字をとった名前です。アメリカのナビゲーターのスタッフが日本のスタッフと協力しあって、BESTクラブを国内数カ所で行っています。

16

日本ユース・ウィズ・ア・ミッション(YWAM)は国際宣教師の組織で、東京・大阪地域において、青少年への伝道・弟子訓練プログラム・教会開拓を含む多彩な活動を行なっています。YWAMには専任の宣教師が10人と多数の短期宣教師がいます。

東北地方

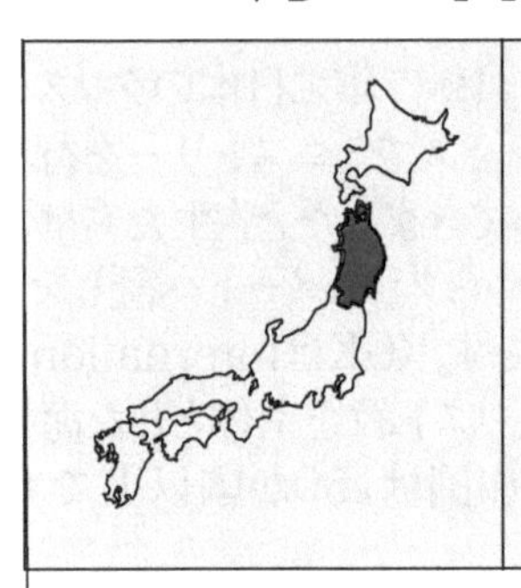

人口	8,449,794人	面積	66,948 km^2
市	77	密度	126人/km^2
教会のない市	4	教会が1つしかない市	7
町/村	150	教会のない町/村	103
教会	532	1教会あたりの人口	1:15,883人
宣教師	136人	宣教師1人あたりの人口	1:62,131人

東北地方は関東地方の約2倍の広さですが、人口は関東の1/3より少なく、東京都よりわずかに少ない程度です。仙台市や郡山市のような大都市を除くと、地場産業が経済を完全に支えることができないため、働き盛りの労働者は県外に働きに行きます。

福島県と山形県は、人口当たりの教会数の比率が全国平均より高い県です。戦後いくつかの外国人宣教師団体が、人口が減少している地域で開拓伝道の素晴らしい働きをしました。またそこで信仰を得た信徒が市街地に移ると、新しい教会を始める援助もしました。これらの信徒は、自分達の故郷のために、いまだに重い責任を担っています。

歴史的に見ると、東北地方ではかなり早い時期にカトリックのキリシタンが布教に努めました。明治時代になると、ロシア正教会が精力的に地域伝道を行ない、それらの影響がまだ残っています。明治時代から、東北は多くの有能な教会指導者を輩出しています。今後もこの地から指導者が出るよう、お祈りしましょう。

東北地方の寺、神社、祭り

青森県：ねぶた祭り（日本有数の夏祭り）
岩手県：中尊寺（平泉）
宮城県：瑞巌寺（東北地方最大の禅寺）
秋田県：太平山三吉神社
山形県：立石寺（東北地方の主要寺院の1つ）
福島県：大蔵寺

17

2011年3月11日に起きた地震・津波そして原子力事故によって、主に東北地方で15,896人が亡くなりました。クリスチャンが現在も行なっている復興支援伝道を通して、この地方の人たちが生きている神様を知ることができますように。東北地方6県にある532のプロテスタント教会のためにお祈りください。

また毎年ギデオン協会が、何千冊もの聖書をこの地方で配布しています。多くの人が神様の御ことばを通してイエス様に導かれますように。

「世の光」が東北放送と北日本放送、「バイブルトーク」が北日本放送、「まことの救い」が東北放送で放送されています。

18

無教会の2つの町には2万人以上の人口があります。町や村の合併によってわかりにくくなっていますが、103の地域に教会がありません。市街地から離れた山間部の村に福音を届けることができるように、的確な計画が立てられますように。

東北地方で働いている136人の宣教師のためにお祈りください。宣教師数の減少、人口の減少、そして福音に対しての反応が遅いことなどで、布教が順調に進まないことがあるかもしれません。

三浦綾子

1964年に三浦綾子は、原罪を扱った「氷点」という小説を発表し、賞を受けました。その後80以上もの小説やエッセイを書き、その中には人気を博した旧約・新約聖書の入門書もあります。また13年間過ごした結核療養所での、キリストとの対話を描いた自伝もよく知られています。作品は一般の人の間でもとても有名で、救い主について知りたいという心の渇望を生み出すきっかけとなっています。三浦氏は1999年に天に召されましたが、著作を通して彼女の証しは生き続けています。

1月19日～24日　青森県

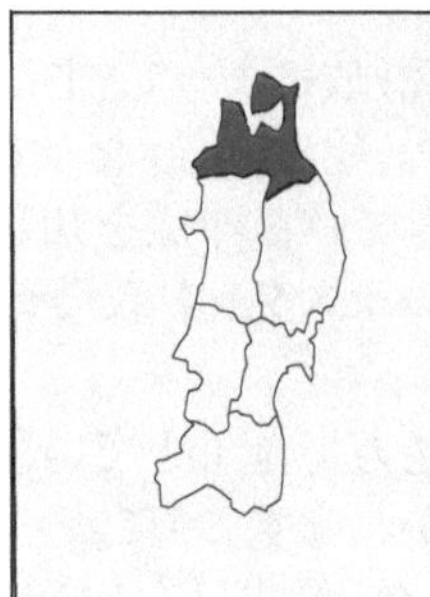

人口	1,209,012人	面積	9,646 km^2
県庁所在地	青森市	密度	125 人/km^2
市	10	教会が1つしかない市	2
	平川市　30,076人	つがる市	29,950人
町/村	30	教会のない町/村	21
教会	69	1教会あたりの人口	1:17,552人
宣教師	19人	宣教師1人あたりの人口	1:63,632人

青森県の西部は豪雪地帯ですが、東部は雪が少なく気候も比較的穏やかです。

青森県はりんごの生産地として有名で、日本全体の約半分の収穫量を誇ります。重工業がなく、気候も厳しいので、冬季には多くの人が大都市に仕事を求めに行かざるを得ません。青森県では、不況に苦しむ地域の活性化が課題となっています。

この地方では、伝統と昔からの慣習が依然として強い影響力を持っています。三沢市のように、米軍基地や自衛隊駐屯地が多くある所でも、その傾向はほとんど変わりません。

8月3–7日に行われるねぶた祭りは、東北三大祭りの1つで多くの観光客が訪れます。恐山はイタコという霊媒で知られています。岩木山は神道の重要な参詣地であり、おしら様という民間信仰は多くの人の信仰に深く根を張っています。

明治時代の初期に本多庸一が横浜へ留学し、J.H.バラと出会い、信者となって1872年に洗礼を受けました。1872年にはジョン・イングと共に弘前に戻り、東奥義塾という学校を始めました。翌年には22人が受洗し、青森県で初めての教会が設立されました。

中田重治は青森県出身の影響力ある教会指導者で、ウェスレアン・ホーリネス教会を設立しました。

19	69の教会それぞれに神様の祝福をお祈りください。宗教上の障害や厳しい気候を乗り越えて、クリスチャンが日々主の力を経験することができますように。さまざまな資料の数字がありますが、1つ1つが実際の人や教会や団体を表していて、あなたのお祈りを必要としていることを覚えてください。
20	青森県全体にある教会が、三沢クリスチャン福音協力会と青森放送伝道協力会を通じて、良い協力関係を持てますように。 青森県で奉仕している宣教師が希望を持ち続け、聖霊と信仰に満たされるようお祈りください。
21	青森クリスチャンセンターのキャンプミニストリーのために。キャンプ場は、雲谷にあり、OMF(国際福音宣教会)が支援しています。クリスチャンの交わりと霊的成長、及び伝道の拠点として、施設の管理への備えと、どのようにすれば最も有効に活用できるかという計画が与えられるように祈りましょう。 青森テレビの「ライフ・ライン」(土曜午前5:30)のために。神様がキャンプとテレビ伝道を通して、多くの人の心に触れてくださいますように。
22	弘前市にある、生徒数671人の東奥義塾高等学校, 生徒数1,504の弘前学院(女子短期大学、女子中、高等学校)、その他のキリスト教主義の学校のために祈りましょう。 11のプロテスタント幼稚園と5つの保育園に800人の子どもたちが通っています。
23	石沢内科胃腸科病院の働きのために。弘前市に1984年に設立され、19床を有しています。この病院では、ホスピスケアを含む様々な医療を提供しています。キリスト教施設が、さらに設立されますように。高齢者のための働きをしている4つの施設と、知的障がい者の援助をしている新一戸町にある大箱作業所のために祈りましょう。多くの人たちが、創造主に救いを求めることができるようにお祈りください。
24	教会がなかった平川市では、2014年から始まった開拓伝道により、2017年に教会が設立されました。小さな教会が1つしかないつがる市のためにも祈りましょう。

1月25日～30日　岩手県

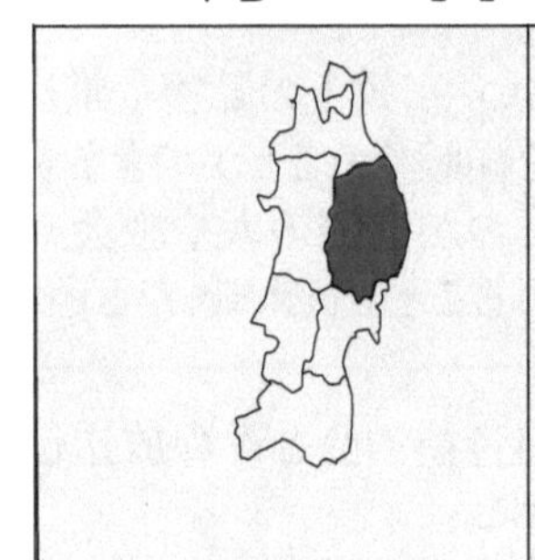

人口　1,185,667人　面積　15,275 km^2
県庁所在地　盛岡市　密度　78人/km^2
市　14　教会のない市　八幡平市　23,241人
教会が1つしかない市　3　二戸市　24,668人
遠野市　24,502人　陸前高田市　17,708人
町/村　19　教会のない町/村　14
教会　62　1教会あたりの人口　1:19,124 人
宣教師　23人　宣教師1人あたりの人口　1:51,551人

岩手県は北海道に次いで日本で2番目に大きい県ですが、人口密度は日本で2番目に低く、人口減少の顕著な県です。
2011年3月11日に、岩手県と東北地方はマグニチュード9.0の地震とそれに続く巨大な津波に襲われました。岩手県では約4,700人が亡くなりました。

岩手県のほとんどが標高の高い場所にあるため、農業はあまり盛んではありません。しかし傾斜地で育てられているりんどうは国内市場の50%以上を占めます。また木材の産出量は、北海道に次いで日本第2位です。

厳しい寒さと景気の低迷のために、岩手県の平均収入は国内で下から11番目となっています。このような困難な状況の中で、多くの有名な学者、政治家、小説家、芸術家を輩出しています。

1879年に同志社大学の山崎為徳が、布教のために故郷である水沢に戻りました。彼の影響で片桐清治も同志社で学び、日本基督一致教会の伝道者となりました。片桐は故郷に戻り、伝道を行いました。1887年に金ヶ崎教会が設立されました。1880年には、T.P. ポートが盛岡にバプテスト教会を設立しました。

25	人口が減少している地域にある教会に励ましが与えられ、大切な伝道を続けられますように、お祈りください。教育や就労のために大都市へと移り住んだ教会員の信仰のためにお祈りください。
26	東日本大震災の前には、岩手県在住の宣教師はいなくて、教会開拓もほとんど行われていませんでした。しかし震災後には、沿岸部にある全ての無教会の地域や教会のあるほとんどの地域において、外国人と日本人の宣教師が教会開拓を進めています。そして岩手県の内陸部にある教会のない地域においても、同様の取り組みが必要です。 どうか経済が改善することによって、クリスチャンが県内に戻り、仕事が与えられて若い人たちが地域に残れますように。
27	盛岡市にあるクリスチャンセンターと書店の善隣館、ラジオ番組「世の光」(月～土曜午前5:15)、シオン錦秋湖キャンプ場は、県内62の教会にとって必要不可欠な存在です。
28	盛岡大学の1,768人と盛岡スコーレ高校の386人の学生が、聖書をより興味を持って読むようになりますように。 少なくとも16のプロテスタント幼稚園と5つの保育園があり、2,400人の子ども達が通っています。
29	神様の愛が、奥中山学園(40人)、小さき群れの里(50人)、三愛学舎養護(高等)学校(75人)における障がいを持った人たちへの奉仕によって明らかになりますように、お祈りください。
30	八幡平市には教会がありません。また3つの市には1つしか教会がありません。その他市町村合併によってわかりにくくなってしまいましたが、10の町にも教会がありません。どうぞお祈りください。 岩手県では、市町村合併前に27の町や村に教会がありませんでした。合併によって教会のある自治体の一部になった、それらの町と村のためにお祈りください。

1月31日～2月5日　宮城県

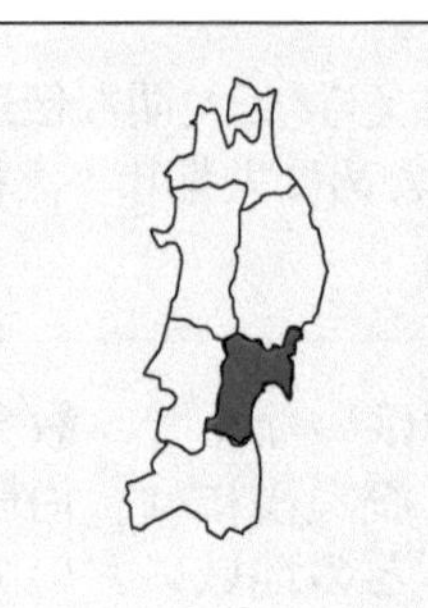

人口	2,277,776人	面積	7,282 km²
県庁所在地	仙台市	密度	313人/km²
市	14		
町/村	21	教会のない町/村	11
教会	151	1教会あたりの人口	1:15,085人
宣教師	87人	宣教師1人あたりの人口	1:26,181人

宮城県の中央には丘陵地帯が広がり、気候は東北地方の中では比較的穏やかです。広大な平野と穏やかな気候のために人口が集中しています。水産業は日本の中で上位を占め、農業もとても盛んです。

この一帯は徳川氏の時代から安定しています。仙台市は政令指定都市で、現在の人口は100万人以上です。急速な成長によって地元の文化が変わりつつあり、物質主義的な生活が広がっています。

松島町にある瑞巌寺は東北地方最大の禅寺です。特に仙台市において見られるような多くのミッション・スクールの影響によって、人々は福音に対して寛大になってきています。

バプテスト派のT.P.ポーテ宣教師が、1880年に仙台第一浸礼教会を始めました。その翌年には、押川方義、吉田亀太郎ら初期のクリスチャンによって仙台教会が設立されました。

戦後は東北地方では伝道活動が盛んに行われ、多くの団体が仙台市を本拠地としました。保守バプテスト派(ワールド・ヴェンチャー)が仙台市から宮城県の他の地域や山形県、岩手県で活動し、神学校と出版による伝道を行いました。

医療と社会福祉の働きがあります。光ヶ丘スペルマン病院(152床)。子どものための社会福祉施設として、仙台キリスト教育児園、丘の家乳幼児ホーム。高齢者のためのシオンの園、南三陸キングス・ガーデン宮城。

31	2011年3月11日マグニチュード9.0の地震と津波が宮城県を襲い、壊滅的な打撃を与えました。これから何年もかかるであろう被害からの復興の道を模索する宮城県の人たちのためにお祈りください。 1953年に保守バプテスト同盟(ワールド・ヴェンチャー)が始めた聖書通信講座は全国の30人に教えています。宮城県には3つの神学校がありますが、どれも入学者が少なく困難な状況にあります。これらの学校から多くの教会指導者が生まれるよう、お祈りください。
2/1	仙台青年学生センターと森郷キャンプ場のために。ライフセンター仙台書店と仙台キリスト教書店はキリスト教書籍を提供することで、遠隔地にある教会に奉仕しています。
2	東北放送は2つのラジオ番組を放送しています。「世の光いきいきタイム」と「まことの救い」です。求める心を持った人たちがこれらの番組を耳にすることができますように。 教会開拓に協力している宮城宣教ネットワークのためにもお祈りください。
3	東北学院には13,514人の学生がいて、そのほぼ1/3が毎日チャペルに出席しています。御霊が今日、彼らの多くの心を開いてくださるように祈りましょう。他に宮城学院と尚敬学院という2つの学校もあって、6,200人以上が学んでいます。仙台YMCAにはホテル学科があり98名の学生がいます。 少なくとも24のプロテスタント幼稚園と11の保育園があり、3,100人以上の子どもたちが通っています。
4	病院や福祉施設において、欠かすことのできない伝道が行われています。クリスチャンの職員のために祈ると共に、施設利用者の家族もまたイエス様と巡り会う事ができるようにお祈りください。
5	11の町と村には教会がありません。美里町と加美町には2万人以上が住んでいますが、教会がありません。

2月6日～11日　　秋田県

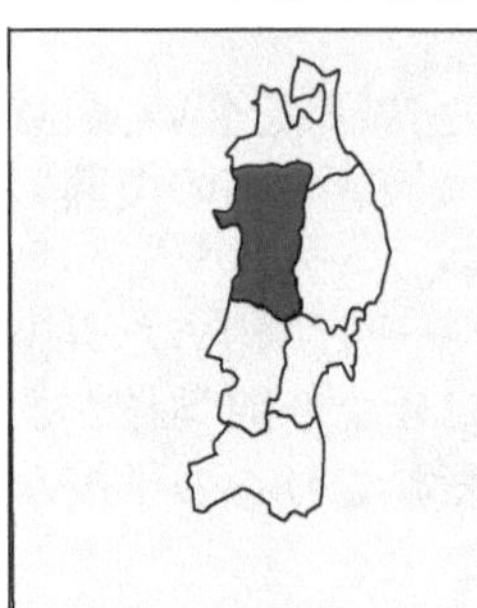

人口　934,828人　　面積　11,637 km^2
県庁所在地　秋田市　　密度　80人/km^2
市　13　　教会のない市　2
潟上市　31,348人　鹿角市　28,034人
教会が1つしかない市　にかほ市24,983人 仙北市23,386人
町/村　12　　教会のない町/村　9
教会　56　　1教会あたりの人口　1:16,693人
宣教師　1人　　宣教師1人あたりの人口　1:934,828人

秋田県の中央には山地が連なり、内陸側と海側の２つの異なる地域を形作っています。秋田県は太平洋側の県と比べると気温は高めですが、冬季にはよく大雪に見舞われます。これまで秋田県は、林業・稲作・鉱業・原油と天然ガス産業によって、安定した経済状況にありましたが、最近ではこれら第一次産業に衰退が見られます。

降雪量が多いことは生産性の妨げではありますが、高速道路と新幹線によって、都会ともそれほど隔たりはなくなっています。家族や親戚との結びつきは強く、県に対する忠誠心は沖縄県に次いで高くなっています。

寺や神社は県民に大きな影響力を持っています。また古くからの伝統や慣習は、この保守的な地域にあって重要な位置を占めています。このような状況はしばしばクリスチャンになる時の妨げになります。

1888年にアメリカン・ディサイプルスの２組の夫婦が、秋田県でプロテスタントの伝道を始めました。また同じ年に竹内楠三が弘前市から来て、秋田美以教会を設立しました。

カトリックはミッション・スクールの創立と農村部での宣教を行い、キリスト教に対する肯定的な雰囲気を作りました。

この地域では西洋式の結婚式が人気です。また高齢者のためのキリスト教の施設によっても、人々は福音に受容的になっています。

2/6	県内にある56のプロテスタント教会の発展と成長のためにお祈りください。秋田県に関する情報の数値を見るときに、その数値が表す多くの人たちのために祈るという務めを、神様が私たちに与えてくださいますように。
7	日本では60万人以上が引きこもりであると言われています。大仙市でカフェ光希屋を開き、引きこもりの人たちのために働くロザリン・ヨンさんの奉仕活動のためにお祈りください。
8	以前あったCLCブックス秋田店はもう営業していません。教会が地域のキリスト教書籍の必要に、工夫を凝らして応える事ができますように。CLCといのちのことば社のネット通販はますます役に立つようになるでしょう。
9	県内にはカトリックの学校がいくつかあります。プロテスタントの学校も始まり、福音を広めるために用いられますように。プロテスタントの幼稚園が8、保育園が4あります。 あきた女性の家の社会伝道のために祈りましょう。1933年に始まったこの施設では、困窮している女性と子どもたちのために20軒の住まいを提供しています。また子どものための聖園天使園とオリブ園も覚えてお祈りください。
10	秋田県には教会がない市が2つあります。潟上市と鹿角市です。両市は2005年に、教会のない町の合併によってできました。また1つしか教会がない市も2つあります。県内にある56の教会が、これら教会を必要とする地域へ福音を届けるビジョンを持つように特に祈りましょう。
11	**建国記念日** 「靖国神社国営化反対福音主義キリスト者のつどい」や他のグループが建国記念日に集会を持ち、宗教の自由について話し合います。

2月12日～17日　山形県

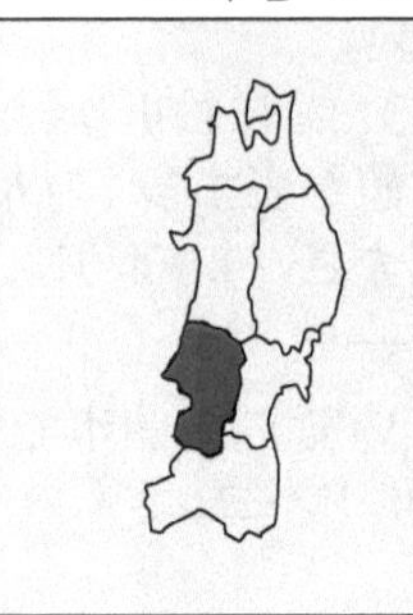

人口	1,046,014人	面積	9,325 km²
県庁所在地	山形市	密度	112人/km²
市	13	教会のない市　尾花沢市	14,202 人
町/村	22	教会のない町/村	17
教会	69	1教会あたりの人口	1:15,160人
宣教師	3人	宣教師1人あたりの人口	1:348,671人

山形県の大半を山地が占めているため、道路や鉄道の整備の妨げとなりました。内陸部の冬は寒く降雪量が多く、夏は暑くなります。農業と林業が主要な産業で、中でもさくらんぼと梨は全国1の収穫量を誇ります。

東北の他の地方と同じく、人々は保守的で忍耐強い性格です。また思いやりの気持ちと強い義務感を持っているので、クリスチャンになると固い信仰を持ちます。しかし深く根付いた村の文化と強い人間関係の基礎は、クリスチャンにとっては強い圧力となります。そのような圧力は大都市では見ることのできないほどの力を持っています。

仏教と神道は生活においてとても大きな存在を占めています。概して伝統的な仏教は家の宗教としてとらえられ、地域の日常生活を支配しています。霊媒・魔除け・まじないといった民間信仰も地域の生活の一部です。

メソジストの宣教師が、1880年に天堂メソジスト教会、1882年に山形美以教会、1885年に米沢教会を設立しました。

若者の間では、山形市・米沢市・新庄市などの大都市に戻ったり留まったりしようとする傾向があり、これは伝道のためにも実りある機会といえるでしょう。

12	県内の2,502人の信者が、家族をイエス様のもとに導く事ができますように。多くの教会のない町や村で教会が始められるために、聖書的ビジョンで69の教会が一致するように祈りましょう。
13	キリスト教のテレビ番組や書店がないので、69ある教会が工夫を凝らして県内に伝道をする事ができるようにお祈りください。ラジオで「世の光」が放送されています。
14	遊佐町の酒田キリスト教会が設立した祈りの家・鳥海チャペル、保守バプテスト派の米沢市の恵泉キリスト教会ミーコ記念ホール、蔵王温泉の大平ホテル、ナリサワ・ペンションのために。
15	山形県にはキリスト教の学校が2校あります。山形学院(高校138人)がキリスト教のビジョンを持ち続けることができるように祈りましょう。学校では毎朝の礼拝出席が義務付けられています。 基督教独立学園(山形市にある約70人の寄宿制高校)は、ユニークな全人格的プログラムを実施しています。ほとんどの学生は未信者です。聖霊の働きによって、一人ひとりの心に触れる事ができるようお祈りください。
16	知的障がい者のための働きがいくつかと、高齢者のための施設が3つ(合計210床)あります。これらの働きを通して現される主の愛により、家族が感銘を受けるように祈りましょう。
17	尾花沢市は、東北地方で今も教会がない4つの市の1つです。村山市付近のシオンキリスト教会は尾花沢市でアウトリーチ宣教を行っていますが、いまだに教会は設立されていません。 東田川郡や飽海郡には合わせて3つの町があり、38,000人がいますが、教会はありません。最上郡には7つの町村があり35,000人以上がいますが、教会は1つもありません。どうぞお祈り下さい。

2月18日～23日　福島県

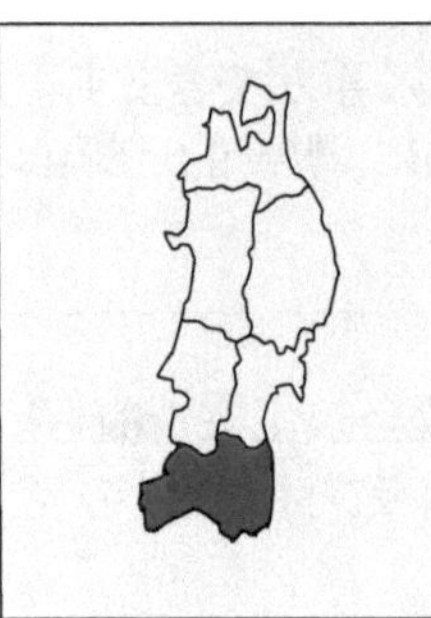

人口	1,796,497人	面積	13,783 km²
県庁所在地	福島市	密度	130人/km²
市	13		
町/村	46	教会のない町/村	31
教会	125	1教会あたりの人口	1:14,372人
宣教師	3人	宣教師1人あたりの人口	1:598,832人

福島県では山、谷、火山、湿地、湖、海といった多様な地理的特徴が見られ、また気候も多様です。農業が盛んな県で、多様な生産物を誇ります。県の70%が森林地帯で、国内で4番目に森林の多い地域です。会津地方は日本海の影響を受けて冬には多くの雪が降ります。

神道と仏教は、民間信仰や伝統的な地元の慣習と共に文化の中に深く根付いていて、大きな役割を果たしています。

会津藩士の長男として生まれた井深梶之助は、東京へ出て、そこで神様の導きによって薩摩藩・長州藩に対する憎しみが罪であると知らされました。彼は悔い改めて救い主を信じました。その後牧師になり、キリスト教の大学明治学院の設立を助け、後に学長となりました。

横浜バンドの押川方義は1880年に仙台神学校を設立し、そしてこれが同じ年に始まる福島への宣教の基礎を作りました。1885年には信達教会ができました。

福島イングリッシュセンター、会津若松イングリッシュアカデミー（生徒500人）のために。県内にある22のプロテスタント幼稚園と9の保育園には、2,400人の子どもが通っています。青葉学園（児童60人）、堀川愛生園（児童46人）、福島整肢療護園（92人と職員100人）、須賀川共労育成園、白河こひつじ学園（児童30人）、あだたら育成園（30人と職員17人）、その他11の社会福祉施設のために、お祈りください。

18	2011年3月11日に、マグニチュード9.0の地震と津波が東北地方を襲いました。福島県では、県内にあった3基の原子炉が被った被害によりさらに大きな打撃を受けました。125教会が県全域に福音を広めるために、主が偉大な計画を与えてくださるようにお祈りください。1教会あたりの平均出席者数は、全国でも最下位の1つで、22.2人です。
19	いわき市の平福音センターは唯一のキリスト教書店です。信者がこの書籍伝道によって強められますように。
20	福島テレビFTVの放送する「ライフ・ライン」、ラジオ福島の「まことの救い」のために。日本国際ギデオン協会の支部が福島市、いわき市、郡山市、会津市にあり、多くの聖書を配布しています。
21	聖光学園高校では毎日礼拝があり、660人の生徒が出席しています。今日礼拝で神様の愛に多くの人の心が応えるようお祈りください。8人の寮生がいる石川町のインターナショナル・ニューライフカレッジのために。
22	福島県にある社会福祉施設を覚えてください。少なくとも250人の子どもと大人がこれらの施設にいて、キリストの愛を直接に体験しています。そこで働く多くの職員の証しが、施設にいる人たちの家族をも励ますことができますように。
23	教会がない31の町村のために祈りましょう。東白川郡は29,000人の住人に対し、そして河沼郡は20,000人の住人に対し、1つの教会しかありません。これらの地区に隣接する教会が、この大きな必要を満たすために、主がビジョンを与えてくださいますように。 福島県では、市町村合併前に48の町や村に教会がありませんでした。合併によって教会のある自治体の一部になった、それらの町と村のためにお祈りください。

衛星放送・ケーブルラジオ・ケーブルテレビによって、キリスト教番組が利用しやすくなりました。またインターネットも多くの教会にとって役に立っています。

いのちの電話

「私は幸せな結婚生活を送っていると思っていましたが、うまくいきませんでした。景気が悪くなり、私の人生も悪化しました。一緒に住んでいた男性は破産してしまい、なんとかもう一度事業を立て直そうとし懸命に働きましたが、死んでしまいました。住む家を失い、残っていたお金も彼の息子が全て持って逃げてしまいました。

孤独で望みもなくなって、私は自殺で有名な崖へと向かいました。海へと飛び込めば、自分の惨めな人生はすぐに終わりを告げることを知っていました。しかし私は怖かったのです。崖へと近づくとこんな事が書いてありました。「助けが必要な方は、いのちの電話にお電話ください。」電話をするとすぐに、キリスト教の牧師さんが来て、近くの教会へと連れて行ってくれました。まさにそれは、いのちの電話だったのです。ここで生きていく助けをもらっただけでなく、永遠の命をも得る事ができたのです。」

自殺をしようと考えている多くの日本人のためにお祈りください。教会やいのちの電話のような働きが、絶望の底にある人たちに永遠の命をもたらすために用いられますように。

BBNへの手紙

ある視聴者からの手紙をご紹介します。「私は孤独で、日本語が聞きたくて朝から晩まで泣いていました。そんな日が続いた3月の半ば、私はBBNの聖書放送を聴きました。感謝で涙が止まりませんでした。」日本語を話す多くの人が、神様の御ことばを聞き、神様への賛美の歌を歌いますように。

24

教会のホームページは、未信者の日本人が地元の教会を見つけるための主な手段の1つになっています。2018年度版クリスチャン情報ブックには、約44%の教会がホームページを掲載しています。日本人の中には、自殺の方法を探すためにインターネットを利用している人がいる反面、命と救いを見出す人もいるのです。

7MEDIAは東京周辺で活動をしている国際的で創造的な団体で、ダイナミックで双方向の方法によって次世代に福音を伝えるために新しい媒体を模索しています。

25

BBN(バイブル・ブロードキャスティング・ネットワーク)は、2001年に始まりました。BBNのホームページには毎日1,000人が訪れ、1,000人が放送を聞いています。多くの人が8言語による24時間の放送を聞いて救われました。オンライン聖書講座も人気があります。

現在は日本語や英語で福音を分かち合う多くのサイトがあり、求道者だけでなくクリスチャンの信仰の成長をも助けています。

26

いのちの電話の活動のためにお祈りください。福音派のクリスチャンがこの活動を始め、多くの困っている人たちを助ける手段となり、自殺予防のためにも役立っています。ボランティアスタッフの多くはクリスチャンです。

27

ビージャパン(フレンドシップラジオ)のためにお祈りください。この短波放送の番組は、視聴者から1ヶ月に500通を超える手紙を受け取っています。

SNS利用者の増加

2021年の調査(総務省による)では、日本の全人口の92.5%がLINE 、87.9%がYoutube、46.2%がTwitter、32.6%がFacebookを利用しています。

またアメリカで2017年に行なわれた調査(バーナグループによる)では、成人クリスチャンの28%がSNS上で、自分の信仰を分かち合っているとのことです。日本では同様の調査が行われていませんが、SNS利用者が増えていることで、今後SNSを使った伝道活動は強力な手段となることが考えられます。

2月28日～29日　関東地方

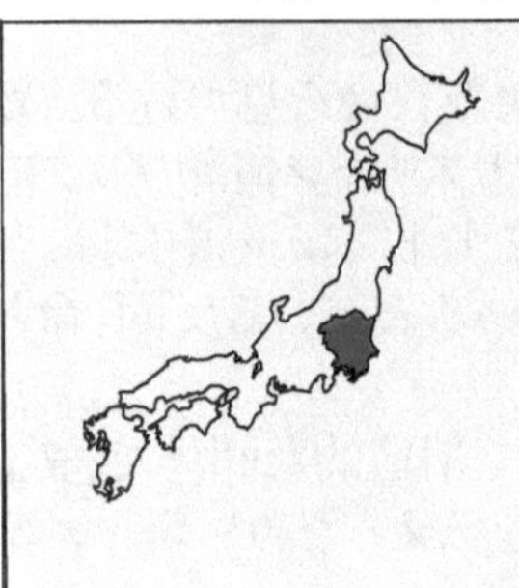

人口	43,527,579人	面積	32,433 km²
		密度	1,342人/km²
市	180	教会のない市 かすみがうら市	39,396人
		教会が1つしかない市	22
町/村	113	教会のない町/村	46
教会	2,579	1教会あたりの人口	1:16,878人
宣教師	786人	宣教師1人あたりの人口	1:55,379人

関東地方には東京首都圏がすべて含まれます。面積では全国の10%、人口では31%を占めます。東京とその近郊への人口集中によって問題も生まれていて、教会への集中についても同じ事が言えます。東京23区内の人口に対する教会数の割合は高く、1988年以来東京都の人口は減少を続けているので、今後もその傾向は変わらないでしょう。郊外の都市と、隣接する県の人口は増加しているものの、新しい教会の数は人口増加に追いついていません。

このような人口変動によって、多くのクリスチャンが様々な教会に移っています。以前は東京の歴史ある教会に属していた人たちが、引っ越して郊外の教会に通っています。教会のない町村の数は減少していますが、依然として46町村には教会がありません。

出生率

世界人口報告書(World Population Review)によると、「日本は、現在世界で最も高齢化の進んだ国で、今後もその割合は増えるだろう。」とのことです。国勢調査による総人口125,470,000人(5年前より0.01%減少)に、65歳以上の高齢者が占める割合は28.7%です。政府は2050年には、人口の40%を65歳以上の高齢者が占めると推計しています。日本の教会がこの問題を、神様の愛と救いを示す素晴らしい機会と捉えることができるように、お祈りください。

28と29

関東地方の7都県には、現在2,579の教会があります。人口の増加を考慮すると、1999年に15,139人に対して1つの教会がありましたが、今は16,878人に1つしかありません。この割合の減少は、重要な祈りの課題です。

15万人に近い生徒を持つ、56のプロテスタントの学校のため、そして約1,500人の学生がいるいる67の牧師養成校のために祈りましょう。

ラジオ番組:「世の光」、朝日放送ラジオの「福音の光」、文化放送の「世の光いきいきタイム」(フレッシュサンデー)、朝日放送の「希望の声」、その他があります。お祈りください。

教会が1つしかない22市と、今現在教会がない46町村のためにお祈りください。

関東平野のこの地域には、全くの暗闇に生きて、永遠の死に直面している日本人が何百万人もいます。神様の御ことばが、何百万人もの人々の足元を照らす灯火となり、道を照らす光となりますように。

関東の教会のない地域のために祈りましょう。2005年に茨城県に新しい市(かすみがうら市、人口約4万人)が1つできましたが、教会はありません。

関東地方の寺、神社

茨城県:弘経寺(浄土宗)
栃木県:東照宮(日光市)
群馬県:大光院(太田市)
埼玉県:平林寺(歴史ある禅寺)
千葉県:成田山新勝寺 (初詣で有名)
法華経寺
東京都:靖国神社(戦没者を祀る)
明治神宮、浅草寺
神奈川県:鎌倉市に多くの寺社
(大仏など)

3月1日～6日　茨城県

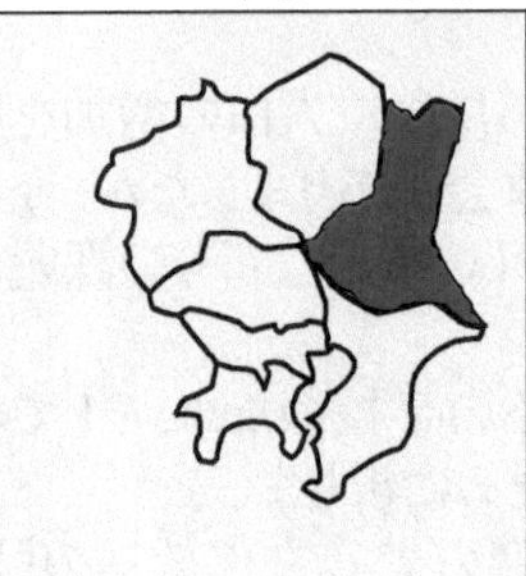

人口	2,842,043人	面積	6,097 km²
県庁所在地	水戸市	密度	466人/km²
市	32	教会のない市	かすみがうら市 39,396人
		教会が1つしかない市	6
町/村	12	教会のない町/村	5
教会	172	1教会あたりの人口	1:16,524人
宣教師	30人	宣教師1人あたりの人口	1:94,735人

県の北部で目立つ地理的特徴は八溝山地です。南部は平地で、日本で2番目に大きい霞ヶ浦という湖があります。茨城県では農業が盛んで、北海道に次いで2番目に多く耕作地があります。

茨城県の水戸市、ひたちなか市、鹿島臨海工業地帯で好調に発展を遂げています。日立市の鉱工業と、福島県にまで広がっていた常磐炭田の石炭産業は、茨城県の発展を支えました。また東海村には、日本で最初の原子力発電所があります。筑波研究学園都市は、県のイメージアップに貢献しました。

徳川御三家の1つ水戸藩の統治により、茨城県は文化の基礎に大きな影響を受けました。そしてこの考え方は県民の精神性を形作り、儒教道徳を重視し、教育の必要を重んじています。土浦市から南の地域は東京のベッドタウンとして急速に人口が増大しており、北部とは非常に異なった雰囲気を持っています。

茨城県では信仰を持たない人が最も多く、他のどの県よりも仏教徒が少ないです。地域の結束がとても強く、個人の信仰は持ちにくい状況です。

1878年に東京メソジスト教会が千葉県の印旛郡で宣教を始め、その中の1人の宣教師と日本人クリスチャンが利根川を越えて、水海道までに数カ所の宣教拠点を作りました。

リーベンゼラ・ミッション、ウィスコンシン福音ルーテルシノドなどが熱心に活動しました。

＊参照：p164に祈りの追加情報

3/1	茨城県にある172の教会のために祈りましょう。教会の平均会員数は41人で、関東地方では一番少なくなっています。効果的な布教と教会開拓のために、新しいうねりが起きるようにお祈りください。 茨城県は東京に近いのですが、ここで活動する宣教師の数は減少しています。1999年には50人の宣教師がいましたが、現在30人に減りました。彼らが文化に配慮した効果的な宣教活動ができるように祈りましょう。
2	茨城放送では福音を分かち合うために4つのラジオ番組を放送しています。土浦市とつくば市の教会が協力して伝道のためのケーブルテレビ番組を提供しています。
3	茨城キリスト教学園(3,492人)がこれからも福音に忠実でありますように。白十字看護専門学校が、日本中の病院に、忠実なクリスチャンの看護師を送り出すことができますように。白十字総合病院(320床)は、県内に数少ないキリスト教医療施設です。医療に従事する人、また治療を受けている人たちのためにお祈りください。
4	まことの唯一の神様を知らない数多くの人たちのためにお祈りください。鹿島神宮と笠間稲荷神社は参拝者の多い場所です。
5	高齢者のための施設:筑波キングス・ガーデン(50床)、白十字会白寿荘、長い歴史を持つ愛友園。ナザレンホームは、400人以上の入居者がいる日本最大級の施設です。その他の高齢者施設のためにもお祈りください。
6	教会がないかすみがうら市(39,396人)、そして教会が1つしかない6つの市のために祈りましょう。阿見町は教会のない町としては県内で最も多い49,224人が暮らしていますが、小規模の教会開拓が始まっています。比較的大きな無教会の町は、八千代町で20,497人が暮らしています。

3月7日～12日　栃木県

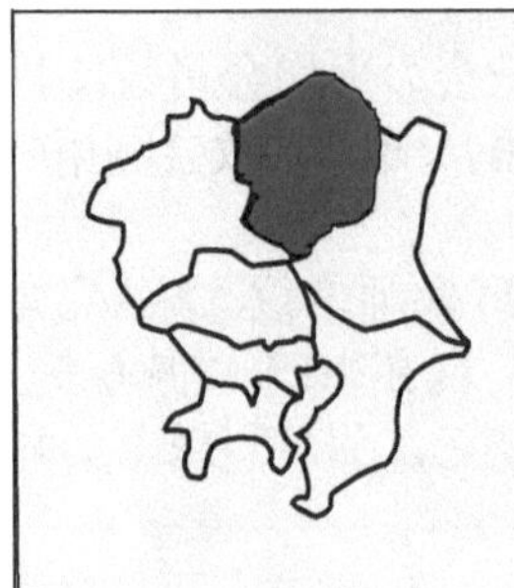

人口	1,910,109人	面積	6,408 km²
県庁所在地	宇都宮市	密度	298人/km²
市	14		
町/村	11	教会のない町/村	3
教会	106	1教会あたりの人口	1:18,020人
宣教師	14人	宣教師1人あたりの人口	1:136,436人

栃木県には有名な温泉や美しい景観の観光地が数多くあります。季節や時には日ごとに温度差が激しく、霜・強風・雷・雹・嵐などによって農作物が被害を受ける事がよくあります。

農業が主要な産業ですが、第2次産業も徐々に発展しつつあります。鉱工業では、足尾銅山の銅や、宇都宮の大谷石などがあります。八溝山地の葉タバコや干瓢（国内生産高の90%）などは、重要な農産物です。

栃木県では自然災害が起きることはほとんどありません。県民性としては、保守的で控えめ、対立を好まず、比較的厳しい倫理基準を持っています。

徳川家康を祀る東照宮が日光へ移転してから、地域全体が神聖な場所となりました。このような歴史的背景から、栃木の人はしばしば世俗的な祝福を伴う強い宗教的確信を持っています。

1873年にキリスト教禁教令が廃止され、翌年には横浜教会の信者が宇都宮と日光に伝道所を設置し、1885年に宇都宮教会が設立されました。佐久山では銀行の頭取が、メソジスト派の宣教師に滞在場所を提供して、クリスチャンになりました。1886年には彼の家族14人が洗礼を受けて、栃木県で最初のメソジスト教会が生まれました。

社会福祉施設：身体障がい者のための晃陽職業センター。知的障がい児のための高原学園(30人)、たかはら育成園(50人と通園施設)。視覚障がい者のための愛信ホーム(河内郡)。宇都宮市のマイホームきよはら(1993年創立)は、世界初のYMCAの高齢者施設で、90人の職員と多くのボランティアがいます。

7

106の教会が福音伝道にあって、良い交わりと協力関係を持てるように祈りましょう。

ラジオ番組「イエスと共に歩む時間」によって、今日どなたかがイエス様に出会えますように。

8

宣教師訓練センター(MTC)のために。世界中での異文化宣教のために40人の日本人宣教師を養成しています。アジア学院(アジア農村指導者養成専門学校)は常に35人までの宣教師を農村地域に遣わすために訓練しています。

クリスチャン・キャンプ場と修養施設のために。那須の那須高原ハウス・オブ・レスト、西那須野の那須セミナーハウス、塩谷の栃木YMCA塩谷キャンプ場、船生の船生祈りの家、そして日光の旅館湯の家のために。

9

作新学院（宇都宮市、幼稚園・小・中・高・大学）のために。もともと神道の学校として創立されましたが、クリスチャンの学院長の指導によってキリスト教主義に転向しました。

峰町キリスト教会で集会を持っている聖書塾のために祈りましょう。

栃木県には少なくとも13のプロテスタントの幼稚園と4つの保育園があって、2,000人以上の子どもたちと家族に福音を分かち合っています。

10

クリスチャン・ブックセンターとブックセンター・ロゴスによる書籍伝道のために。また比企病院（286床）の職員が証しをし、チャペルでの布教もしていますので、神様の祝福をお祈りください。

11

栃木県で障がい者や高齢者に施設で奉仕をしているクリスチャンの職員と、毎日200人以上の人が触れ合っています。職員が特別な強さを持ち、効果的に証しする事ができるようにお祈りください。

12

2005年に佐野市と合併をした田沼町（28,840人）のためにお祈りください。21町村に教会がありませんでしたが、教会のある町や市と合併してわかりにくくなっています。

3月13日〜18日　群馬県

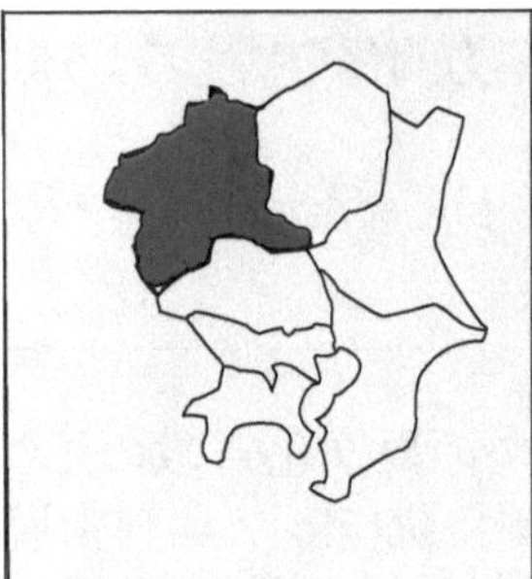

人口	1,914,766人	面積	6,362 km^2
県庁所在地	前橋市	密度	301人/km^2
市	12	教会が1つしかない市　みどり市	48,981人
町/村	23	教会のない町/村	12
教会	118	1教会あたりの人口	1:16,227人
宣教師	13人	宣教師1人あたりの人口	1:147,290人

群馬県には赤城山、榛名山、妙義山のような山が多くあります。山の多い内陸部の典型として、気温は夏はとても暑く、冬はとても寒くなります。

群馬県では農業が盛んでしたが、現在では産業発展が急速に進んでいます。山間部が多いので稲作には向きませんが、養蚕業に適していて、絹糸の生産量は全国1を誇ります。県南部に広がる多くの町は電子産業と化学工業の中心になりつつあります。

日本全国と同じように、群馬県でも伝統的な価値観と文化は深く根付いています。南部にある大泉町には外国人が10%住んでいて、外国人居住率では全国1です。そのうち大部分はブラジル人です。

1874年、新島襄がアメリカから帰国して、故郷の群馬県安中でキリスト教を教え始めました。新島はのちに同志社大学の学長になる、会衆派の海老名弾正牧師にこの地へ来て伝道を始めるように励ましました。その結果1878年に安中教会が設立されました。

13	118の教会間において交わり・協力・ビジョンが強められますように。県内では、テレビ番組「ライフ・ライン」(日曜午前7:00) が見られます。この働きを通して家族全員がクリスチャンになりますように。 県内では、高崎にある光書店が唯一のキリスト教書店です。
14	5つ以上あるキリスト教の修養センターとキャンプ場のためにお祈りください。赤城町の赤城バイブルキャンプ(60人)とアバコグリーンビレッジ、前橋市の前橋 YMCA赤城キャンプ、みなかみ町の日本バイブル・ホーム(60人)、万座温泉日進館、その他のために。周辺の県や東京にある多くの教会が恩恵を受けています。これらの施設に来る1人1人のクリスチャンを聖霊が新たにし、満たして下さいますように。
15	キリスト教主義の学校のために祈りましょう。前橋市の共愛学園、安中市の新島学園では、合わせて4,000人近い学生が学んでいます。 プロテスタントの幼稚園が11、保育園が5つあり、1,600人以上の子どもたちが在籍しています。大部分の人にとって、初めてキリスト教と接する機会です。どうか心が開かれますように。
16	高崎市にある231床の榛名荘病院のために。キリスト教福祉施設としては、渋川市の恵の園(200人の身体障がい者のための多様な施設など)及び、高崎市の重度障がい者のためのはんな・さわらび療育園があります。これら施設の職員がイエス様の愛と喜びを表す良い模範となりますように。
17	上毛愛隣社地行園、子持にある児童56人のための子持山学園のためにお祈りください。前橋市にある20家族が生活する母子生活支援施設のぞみの家のために。そして高齢者の施設のためにもお祈りください。
18	人口48,981人のみどり市には教会が1つしかありません。大きな5町村には教会がありませでしたが、そのうち4つは他の自治体と合併しました。

日本で歌われる讃美歌は、初めのうち西洋の昔からある高教会派の讃美歌がほとんどでしたが、20世紀の終わりに中田羽後がイギリスやアメリカの歌を多く翻訳しました。それにより日本の教会でゴスペルも多く取り入れられるようになりました。戦後の福音派宣教師の働きと日本文化の変遷によってキリスト教のフォークソングが人気になり、日本人による同じような歌も作られるようになりました。

本としてまとめられた讃美歌は1954年に発行され、1997年には讃美歌21が発行されました。高教会派の礼拝の曲が多く収録されています。1958年には聖歌が発行され、最近になって新聖歌として改訂されました。改訂版ではゴスペルと賛美の歌と共に、比較的新しい日本語の讃美歌も多くあります。以上のような一般的な讃美歌に加えて、賛美や礼拝のための歌が非常に多く発表されています。また日本人が書いたオリジナルの讃美歌も増えています。

教会の外に目を向けてみると、キリスト教音楽は2つの面で機会の扉を開けました。1つはバッハのクラシック曲で、もう1つは黒人ゴスペル音楽を中心としたブームです。

ヘンデルのメサイアやベートーベンの交響曲第9番などの教会クラシック音楽は、日本では昔から常に人気があります。そして最近では、バッハと彼のクリスチャンとしてのメッセージに多くの人が関心を持つようになりました。多くの日本人学生が先生についてバッハを学ぶためにドイツへ渡り、その過程でイエス様を知るようになる人もいます。

また黒人ゴスペル音楽が人気になって日本中にゴスペル合唱団ができました。ハレルヤ・ゴスペル・ファミリーは、70ほどのゴスペルグループが参加する躍進中のネットワークで、80%が未信者です。

コミュニティアーツ東京は、芸術と文化の分野において、都市での教会開拓を支援しています。コミュニティアーツ東京では、それぞれに適した礼拝のあり方を提供することによって、多くの人を福音へと導き、日本の教会が伝道において成長できるようにと活動しています。

19	ソロや楽器演奏、そして多くのグループ・合唱団・バンド・オーケストラで奉仕するクリスチャン音楽家のためにお祈りください。そしてより多くの人たちが、音楽伝道に携わりますように。 エヴァンゲリウム・カントライは、日本中で開かれるコンサートで教会に奉仕しています。また多くの教会で聖書に基づいた音楽も紹介しています。
20	ユーオーディア・アンサンブルは、音楽ミニストリーを通してキリストの芳しい香りを広めようと努めています。この活動は20年前に、6人のクリスチャン音楽家のビジョンによって始められました。現在では全国で300人近いメンバーがいます。 ミクタムレコードは、日本で最初のゴスペル専門レーベルとして1978年に設立されました。所属する小坂忠氏は有名なクリスチャンアーティストの一人でした。ミクタムレコードは、コンサートの後援・音楽セミナー・音楽プロダクションと販売によって、福音のためのツールとして音楽を用いています。
21	東京クリスチャン・クワイアはクリスチャンのグループで、練習を重ねてクリスマスのメサイアなど特別なコンサートで活動をしています。
22	いのちのことば社のライフ企画は、日本人クリスチャン音楽家によるレコーディングをプロデュースし、歌集「リビングプレイズ」を編集し、福音コンサートを後援しています。
23	キリスト教のクラシック音楽を勉強している、またはクリスチャンの教師から黒人ゴスペル音楽を習っている多くの日本人のためにお祈りください。その人たちの目が開かれますように。
24	クリスマスに比べると、日本でイースターはそれほど知られても、祝われてもいません。キリストの復活の日は、日本の教会にとって大切な機会になっています。教会によっては、イースターは教会墓地を訪れて亡くなった人たちを思い出す時です。また洗礼式を行ったり、エッグハントなどの子ども向けの特別な催しをする教会もあります。

3月25日～30日　埼玉県

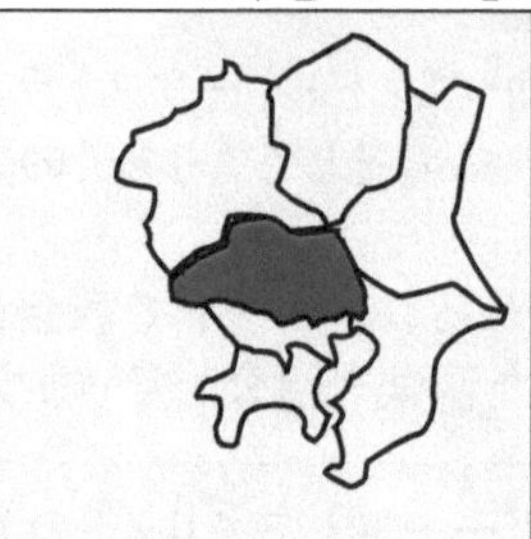

人口	7,335,221人	面積	3,798km²
県庁所在地	さいたま市	密度	1,931人/km²
市	40	教会が1つしかない市	蓮田市 61,383 人
町/村	23	教会のない町/村	8
教会	384	1教会あたりの人口	1:19,152人
宣教師	106人	宣教師1人あたりの人口	1:69,200人

昔の武蔵国が2つに分割されて、南部は東京都に、北部は埼玉県になりました。この内陸の県は、関東地方の西中央部に位置しています。東西に細長い地形で、東側の千葉県境を流れる江戸川から長野県に面する西側まで103kmの長さがあります。

埼玉県の耕作可能面積は国内でも高い割合ですが、専業農家の割合はそれほど高くありません。

県のほとんどを占める平地は都会化していて、東京の延長のような雰囲気です。都市化が高度に進む東部と人口流出に悩む西部では、顕著な文化の差があります。

山間の農村部の村では、伝承と迷信に深く根ざした信仰心をいまだに持っています。その一方で、都市部に住む多くの人は「新興宗教」の活動をしています。

1872年に埼玉県杉戸の小島九右衛門が横浜に絹製品を売りに行き、そこでヘボン宣教師の福音を耳にしました。1875年にバラ宣教師によって洗礼を受け、故郷に聖書を持ち帰って自宅を伝道拠点として開放しました。1879年に埼玉で初めての和戸教会が設立されました。

＊参照：p164に祈りの追加情報

25

急激な人口増加に教会開拓が追いついていません。人口19,152人に対して1教会で、この割合は関東地方で最も低くなっています。埼玉県内の教会が、大胆な教会開拓のビジョンを持つことができますように。

26

埼玉テレビでは「ライフ・ライン」(土曜午前8:00)を放送していて、クリスチャンの著名人の証しや興味深い話をよく特集しています。キリスト教ラジオ番組「世の光」(日曜午前5:20)は埼玉地域では文化放送で聞くことができます。視聴者が救いの決心ができるように、そしてその後効果的なフォローが行えるようお祈りください。

27

埼玉県では、約1万1千人以上の学生がキリスト教の4校に通学しています。聖望学園(中・高1,269人)、浦和ルーテル学園(初等部〜高校部720人)、聖学院(大学・大学院2,335人)、立教学院(中・高・大学6,324人)。1人1人の学生が恵みと主の権威の意味を経験することができますように。神学校は8つあります。

28

大宮中央総合病院(266床)のために。北本市にある2つの病院、福音診療所と南福音診療所のホームページには、はっきりとした福音の証しが書かれています。

29

高齢者・養育が必要な子ども・様々な障がいを持つ人に奉仕する施設が多くあります。これら全ての施設において、利用者・その家族・職員に神様の愛を示すことができますように。

社会福祉法人愛の泉は、加須市に12ヶ所の働きの場を持っています。

30

蓮田市には1つしか教会がありません。また比較的規模の大きな川島町と、現在は熊谷市の一部になった妻沼町には教会がありません。

3月31日～ 4月5日　千葉県

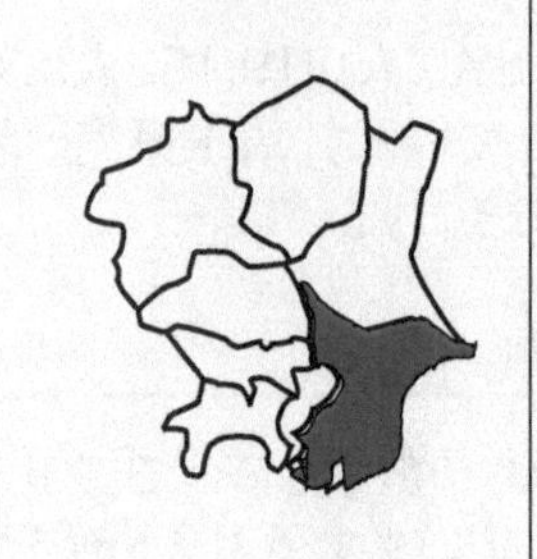

人口	6,274,322人	面積	5,158 km²
県庁所在地	千葉市	密度	1,217人/km²
市	37	教会が1つしかない市 4	旭市 62,684人
山武市 47,360人	鴨川市 31,412人	勝浦市	17,781人
町/村	17	教会のない町/村	9
教会	333	1教会あたりの人口	1:18,785人
宣教師	65人	宣教師1人あたりの人口	1:96,528人

千葉県の北部には古い河床や干上がった湖があり、中央部には台地、南部には丘陵地帯があります。千葉県の農地の割合は全国3位です。埋め立てにより京浜工業地帯が海岸線に沿って広がっていて、重工業と化学工業の重要な拠点となっています。

千葉県は東京首都圏の中で最も文化的な発展が遅れていました。しかし成田国際空港の開港によって、急速に発展を遂げています。

成田山新勝寺は新年の初詣でよく知られていて、毎年大勢の参拝客が訪れます。その他の有名な場所としては、北部にある香取神宮、日蓮聖人(日蓮宗の祖)の生まれた場所を記念した誕生寺、日蓮聖人の身の回りの物を守る法華経寺などがあります。

横浜に初めてのプロテスタント教会ができた1872年に、バラ宣教師は千葉県での伝道に招かれました。翌年には横浜と東京の教会に所属するクリスチャンが八日市場で集会を開きました。

現在は船橋市に属する法典は、江戸と利根川を結ぶ貨物運送の中継地でした。その地に1872年、千葉県で最初の教会が始まりました。

*参照:p164に祈りの追加情報

31	千葉県に住む600万人の県民のために祈りましょう。また千葉県には東京ディズニーランドがあって、日本各地及び世界中から何百万人もが訪れます。そこに来る人々のために祈りましょう。 千葉県にある教会が、福音伝道の重荷を増し加え、神様の祝福を経験できますように。 「ライフ・ライン」と「ゴスペルアワー」という2つのテレビ番組が、毎週福音を伝えています。助けを求める人たちが、番組を見て神様の救いを受けることができますように。
4/1	hi-b.a.キャンプでの伝道は多くの高校生の心に触れています。この地により多くの修養施設とキャンプ場が起こされて、東京の何百万人もの人たちにも効果的に布教ができるよう、神様にお願いをしましょう。
2	印西市にある東京基督教大学は、伝道のために信者を養成して福音の働きに大きく貢献しています。また八千代市にある千葉英和高校の1,080人のために。 千葉県にはプロテスタントの幼稚園が24、保育園が19あり、4,000人以上の子どもたちが通っています。
3	九十九里ホーム病院(83床)は病院・老人ホーム・リハビリ施設を提供しています。ここで働く1人1人の献身的な働きの中に、多くの人がイエス様を見出せますように。 2015年キリスト教年鑑によると、187人の神学生が4つの神学校で学んでいます。この神学生たちが聖霊に満たされ、イエス・キリストとの深い愛の中にいることができますように。
4	売春に関わった人たち・困窮した女性と子ども・精神障がいを持つ人たちに手を差し伸べて様々な伝道が行われています。それら全ての場において神様の愛をはっきりと表すことができますように。

4月6日～13日　東京都

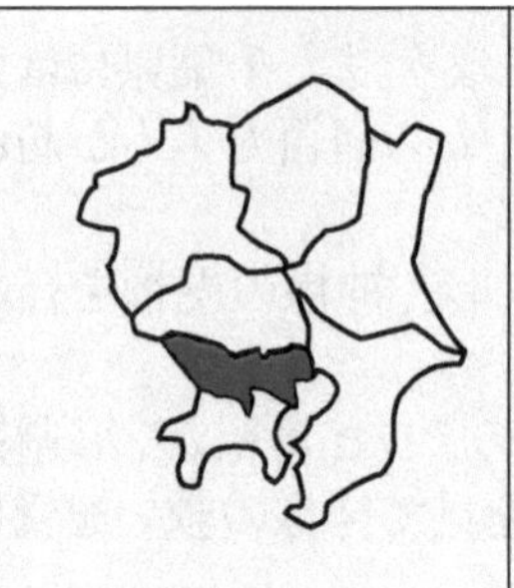

人口	14,016,946人	面積	2,194 km²
都庁所在地	新宿区	密度	6,389人/km²
市	26 と 23 特別区		
町/村	13	教会のない町	5
教会	957	1教会あたりの人口	1:14,662人
宣教師	451人	宣教師1人あたりの人口	1:31,080人

東京都は日本の首都で、世界でも屈指の大都市です。東京都は大きく2つに分かれていて、東側には23の特別区があり、西側は多摩地区と呼ばれています。西部には丘陵地が広がり、東部には人口が集中しています。

東京の地価の高さと環境問題の悪化は、多くの人が都心から多摩地区などの周辺地へ移り住む原因となっています。西多摩郡は3つの町と1つの村からなっています。また多くの小さな島も、東京都の一部です。

徳川家の治世、江戸（のちの東京）は人口百万人の都市になり、その当時世界中にそれほど大きな都市はありませんでした。あまりにも大きくなったために、東京は本当の意味での近代化を果たすことができなかったのかもしれません。多摩地区の農村部や山間の村では、関東地方全体に広がる昔からの慣習や信仰が今も見られます。

首都と郊外には有名な寺や神社が多くあります。府中市の大國魂神社、調布市の深大寺、武蔵御嶽神社、そして新年の初詣で毎年参拝者が最多の明治神宮などです。

1873年に横浜教会の8人の信者が、築地明石町で東京初の教会を始めました。信者が自宅を集会の場として解放するなどの熱心な伝道の結果、霊南坂教会と日本橋教会が設立されました。

＊参照：p164に祈りの追加情報

5	1つしか教会がない4つの市のためにお祈りください。人口の急激な増加は続くので、積極的な教会開拓が必要とされています。
6	23区内には619、多摩地区を含むそれ以外の地域には338の教会があります。教会員の多くは郊外に住んでいるか、引っ越してしまい教会員名簿に名前だけが残っていることが多いのが現状です。こうした教会が福音のために効果的な布教ができるようお祈りください。教会員数は減っていますが、礼拝出席者数は、1999年に1教会あたり平均52人でしたが、2018年には64.5人に増加しています。 小規模の教会は、集会場所の料金が高額なのと、大都市の慌ただしさなどの理由により、苦労をしています。
7	クリスチャン国会議員のために。また日本政府や政治家たちのために、祈りの時を割いているグループのために。 毎年クリスマス前に、インターナショナルVIPが国会クリスマス晩餐会を主催します。クリスチャンの政府関係者や経済界のリーダーたちが招待され、信仰の証しを分かち合う大きな催し物です。今年の晩餐会に多くの人々が参加し、福音に心が開かれますように。 東京周辺には多くのキリスト教団体の修養センターやキャンプ場があります。これらの施設で行われるそれぞれの働きを、主が祝福してくださるように祈りましょう。一般の施設もよく使用されるので、未信者の職員がこれらのプログラムを通して、イエス様と出会うことができますように。
8	新宿と御茶ノ水のオアシス書店、銀座教文館、早稲田アバコ・ブックセンター、その他のキリスト教書店のために。キリスト教のラジオとテレビ番組が多数放送されていますが、たいてい早朝の時間帯です。
9	総数約102,000人の学生を有する、25校 以上のキリスト教主義の学校のために。これらの学校がいつも福音の真理に焦点を合わせていきますように。大きな学校としては、青山学院・立教・明治学院などがあります。学校がクリスチャンの教師や職員を雇用できますように。 35の神学校では1,900人以上の学生を訓練しています。東京では少なくとも117のプロテスタント幼稚園と50の保育園に10,000人以上の子どもたちが通っていて、イエス様について毎日聞いています。

10

キリスト教の礼拝に出席している東京都の54,000人のためにお祈りください。その人たちが御ことばの実践者となったら、どれほど力強い影響を及ぼすでしょうか。

多くのキリスト教の病院のために。152床ある板橋区の誠志会病院。85年の働きがある杉並区の救世軍ブース記念病院。中央区の聖路加国際病院。墨田区の三育会病院、ホスピスおよび142床を有する救世軍清瀬病院。

聖路加国際病院は東京で1番大きいキリスト教主義の病院で520床です。これら病院のミニストリーのために祈る時、毎日2,000人の人が入院していること、またそれに加えて数千人もの外来患者が来院することを覚えてください。その人たちが病院スタッフを通じて、神様の愛を感じられますように。

11

数多くあるキリスト教の社会福祉活動を覚えてください。山谷や他の貧しい地区の簡易宿泊所に寝泊まりしている日雇い労働者のためにお祈りください。3万人近くのホームレスの人たちが福音に肯定的に応えてくれますように。食料や宿泊所を提供する働きを通して、ホームレスの人たちに福音を分かち合っている人たちのことも覚えてください。

12

伝道活動の中心的存在として、様々な働きをしているお茶の水クリスチャンセンター(OCC)のために。9階建ての会館は東京の繁華街にあり、近隣には多くの大学があります。会館には集会室と講堂があり、伝道活動や語学教室のために、あるいは超教会組織が事務所としてなど利用しています。

13

伊豆諸島の内、4島には教会がありません。利島、御蔵島、青ヶ島の人口は、全部合わせても1,000人に届きません。

グレース教会開拓ネットワークは、シティー・トゥー・シティー(CTC)の活動の一環です。どうぞお祈りください。

玉川聖学院の例

玉川聖学院は、世田谷区にある女子のための中学校と高校で、841人の生徒がいます。毎朝20分の礼拝に全校生徒が出席します。職員のほぼ80%がクリスチャンで、中学生は毎週日曜日に自宅近くの教会に出席しなければいけません。高校では10〜15%の生徒が、定期的に教会に行っています。平均して1年に15人の生徒が洗礼を受けます。また毎週1時間の聖書の授業があります。

明治学院大学における調査

大学で2002年度卒業生に行った調査によると、在学中に34.7%がキリスト教に興味を持つようになった、とのことです。しかし受洗者は少数です。興味を持つようになった34%の人たちが、卒業後に福音により多く接する機会があるようにお祈りください。

ホームレス

2003年の政府推計によると全国のホームレスの人数は25,000人ですが、実際にはその何倍もいるのではないかといわれています。ホームレスの人たちは東京23区、横浜、川崎、名古屋、大阪に集中していますが、日本中にいます。救世軍をはじめとしていくつもの教会が、工夫を凝らして手を差し伸べようと活動しています。その中でも目立つのは、山谷の聖川基督福音教会の森本春子牧師です。山谷地区で29年にわたって牧会し、120万食以上を提供し、3,000人近くに洗礼を授けました。また地元の公園で食事を提供している教会もありますし、東京中央教会では500人以上のホームレスの人たちが礼拝に参加しています。日々福音を伝え、援助の手を差し伸べている人たちのためにお祈りください。

4月14日～21日　神奈川県

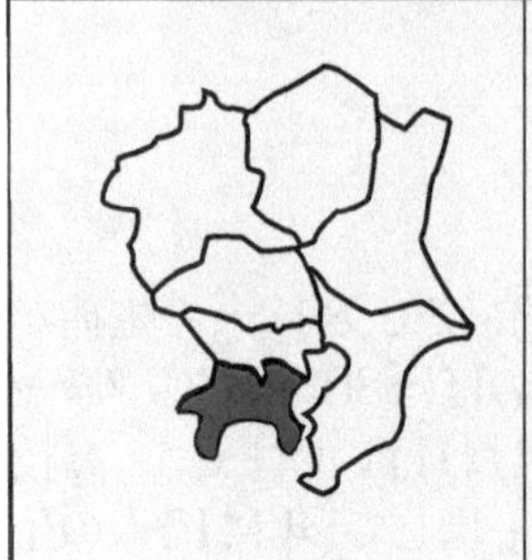

人口	9,234,172人	面積	2,416 km²
県庁所在地	横浜市	密度	3,822人/km²
市	19		
	教会が1つしかない市	南足柄市	40,197
町/村	14	教会のない町/村	4
教会	509	1教会あたりの人口	1:18,142人
宣教師	107人	宣教師1人あたりの人口	1:86,301人

西側の山地帯を除くと、神奈川県の大部分は台地と丘陵地帯が占めます。相模湾から三浦半島にかけての気候は穏やかですが、山地帯では気温が低く、降水量も多くなっています。

横浜は港湾都市で、江戸時代の終わりに世界に門戸を開きました。横浜港は国内で2番目に大きな港です。神奈川県を支える経済的基盤は、京浜工業地帯に集中している多様な産業です。

神奈川県は日本の文化改革の誕生の地です。国際的な港を有し、外国の影響を受けたことで、多くの進歩的な勢いが見られます。その一方で、東京とは違っていたいという思いによって強い地元意識もあります。内陸部に住む人々は、いまだ保守的で昔からの伝統に従っています。

鶴岡八幡宮の歴史は12世紀に遡ります。屋外にある仏像（大仏）はとても大きく印象的です。長谷観音（慈悲の女神）像は大仏像より500年前に作られました。

神奈川県はプロテスタント教会発祥の地で、日本中に霊的なインパクトを与えました。1859年に最初のプロテスタント宣教師が来ましたが、当時はまだ公的に禁教令が出ていました。1872年1月に宣教師、英語を話す一般人、そして日本人学生の祈祷会が発足しました。この祈祷会は2ヶ月以上続き、9人が信仰告白をして洗礼を受けました。1872年3月10日に設立された日本初のプロテスタント教会の創立委員に、11人が任命されました。

＊参照：p164に祈りの追加情報

14	横浜と湘南地域には数多くの教会があり、福音への抵抗はそれほどありません。教会の多くはごく初期の教会で、それ以外は戦後に福音派によって開拓されて、ここ50年にできた教会です。これら様々な教会が、福音のうちにキリストによる一致を感じることができますように。
15	横浜に住むある家族は、クリスチャンとして5世代の伝統を祝います。その家族には現在25人の信者がいます。どうかクリスチャンの親が、次の世代の人たちもイエス様に従うのを見ることができますように。 神奈川県には神学校レベルの訓練校が5つあって、50人以上の学生が学んでいます。より多くの人が布教への神様のお召しを受けますように。 100以上の教会が協力して行われる「クリスマスのハーバービュー」のためにお祈りください。福音を聞くために600人ほどが集まります。
16	神奈川県には多くのリゾート地がありますが、キリスト教のキャンプ場や修養施設はほとんどありません。厚木市の元湯玉川館、その他のために祈りましょう。 横浜市には2つのキリスト教書店があります。ライフセンター横浜書店と横浜キリスト教書店です 。 テレビ番組の「ライフ・ライン」(土曜午前8:30)は神奈川テレビで見ることができます。
17	知名度の高いキリスト教の学校:フェリス女学院(生徒数3,565人)、関東学院(14,594人)、明治学院大学横浜キャンパス、青山学院大学厚木キャンパス、東洋英和女学院大学(1,934人)、その他。プロテスタントの幼稚園が64、保育園が27あって、10,000人以上が在籍しています。 600人以上が通うミッション系専門学校が5校あります。

神奈川県

18

日本中の教会やキリスト教学校の英会話教室に通う、多くの子どもや大人のためにお祈りください。ほとんどの人にとって、聖書を読む初めての機会になります。

キリスト教総合病院のために。251床の衣笠病院、新福音クリ ニック。横浜市、川崎市、鎌倉市には大きなカトリック病院もいくつかあります。

19

キリスト教の社会福祉施設のために。横浜訓盲院は1889年に始まり、現在35人がいます。100人の児童が生活するエリザベス・サンダース・ホームや、56人がいる児童養護施設 城山学園 。

座間市のアガペセンターは、身体障がい者のために包括的な社会福祉プログラムを行なっています。ホームページによると、アガペ壱番館は1999年に重度の障がいを持つ人の介助と支援のために設立されました。その他にも就労支援を行う作業所、グループホーム、相談室等も運営しています。

20

南足柄市のある教会は1979年に設立されて80人の教会員がいます。4つある無教会町村の内の1つ清川村は広範な山間部にあります。教会がない他の3町村は、近隣の教会に行きやすい場所にあります。それぞれの町や村の中にも教会ができるようにお祈りください。

21

日本の家族のために

多くの教会では、4月23日を「命の尊厳の日」として特別な日としています。プロライフ・ジャパン (小さな命を守る会) は、妊娠中絶の防止、母体の健康のための医療ケア、出産支援、養子縁組などを含め、様々な支援を提供しています。

愛の決心は1991年 、日本で生まれた家族のない子どもたちの必要に答えるために、子ども養子縁組機関として創立しました。2010年には、数百人の妊娠した女性への神様の愛が示され、180人の子どもたちがクリスチャンホームの養子になったことが発表されています。妊娠中絶に対する日本人の展望のために祈りましょう。

証し　聖書ー未来への答え

「私は成功するために熱心に働いてきました。仕事に必要な印鑑を作るときには、占い師に相談までしました。その占い師に、自分の生活をいろいろ変えなければいけないと言われたので、私はなんでも言う通りにしました。墓石を買い、ロータリークラブに入り、家族と共に毎朝毎晩女神に祈りを捧げ、助言に忠実に従ったのです。彼はこの世の終わりについてなど、様々なことを教えてくれました。

ある日、この世の終わりに大きな戦いがあるという話を耳にしました。興味を持った私は、そのようなことを予言したのはどこの占い師なのか尋ねてみました。するとそれは占いではなく、聖書に書かれていることを知りました。それで私は聖書を買って、昼も夜も読み耽りました。私は聖書と神様に喜んでもらえる生き方についてもっと学びたいと望みました。

あるクリスチャンが、説教のテープを送ってくれました。そのテープの人と話せば聖書に関する質問に答えてくれると思って、その人の電話番号を調べて電話をかけました。彼は、私は罪人であり、イエス様が救い主なのだと教えてくれました。その結果、私はクリスチャンになりました。私の妻と3人の娘も、私の変化を見てクリスチャンになりました。」

多くの日本人が聖書を読んで救い主に出会うことができるようにお祈りください。

4月22日～23日　中部地方

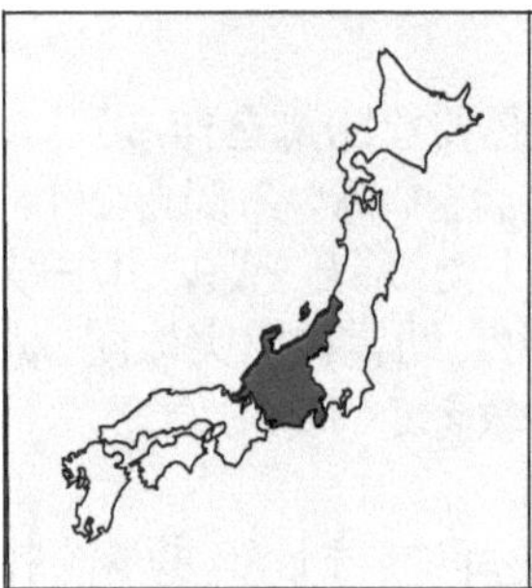

人口	20,907,967人	面積	66,805 km²
		密度	313 人/km²
市	164		
教会のない市	4	教会が1つしかない市	24
町/村	152	教会のない町/村	91
		人口2万以上で教会のない町/村	9
教会	1,078	1教会あたりの人口	1:19,395人
宣教師	223人	宣教師1人あたりの人口	1:93,758人

中部地方の中部というのは、本州のほぼ中央に位置していることからの呼び名で、政治、経済、産業の境界を示しているわけではありません。この地方は広く、また多様な特徴があるので簡潔にまとめることはできません。平野も山地もあり、また名古屋を中心とした都会と、中京地域の農村があり、太平洋と日本海両方に面しています。

東海道周辺の地域と、日本海に面した富山・石川・福井の北陸3県の違いは顕著です。この3県には、教会が150以下、教会員は5,468人しかいません。その一方、太平洋に面した静岡県と愛知県には、プロテスタント教会が535、教会員は24,533人います。この数値を見ると多いように見えますが、愛知県では実際の人口あたりの教会数は石川県より少なく、富山県よりは多くなっています。

中部地方の寺・神社

新潟県：本能寺
富山県：大楽寺（浄土宗）
石川県：那谷寺（真言宗）
福井県：永平寺（曹洞宗）
山梨県：恵林寺
長野県：善光寺（日本最古の仏像）
岐阜県：崇福寺、常在寺
静岡県：妙法華寺（日蓮宗本山）・富士山（山岳信仰）
愛知県：熱田神宮（年間700万人以上の参詣者）

＊参照：p164に祈りの追加情報

22

中部地方にある1,078の教会が成長して、それぞれの地域における独自の必要に見合う方法で、新しい地域に福音を広げていけるようにお祈りください。日本で最も教会が少ないこの地方に、20の教会が起こされますように。新潟県と石川県では、この10年で新しい教会の設立が非常に少なかったです。

23

「狐には穴があり、空の鳥には巣があるが、人の子には枕する所もありません。」（マタイ8:20）イエス様の他には安全な場所はなく、この世のそして永遠の望みは主にあるということを日本の人たちが知ることができますように。

教会がない新潟県阿賀野市、岐阜県美濃市、愛知県弥富市と常滑市、そして91の町村のためにお祈りください。そのうち9の町には20,000人以上の人がいます。

11のプロテスタントの学校にいる30,000人近い学生と、6つの神学校で学んでいる約200人の学生のために。

信仰する宗教

2021年の調査によると、日本の総人口のうち70.1％が神道を信じています。仏教が66.9％、キリスト教が1.5％、その他5.8％とのことです。(文化庁宗教年鑑より)

日本のハウス・チャーチ運動

ハウス・チャーチの形で布教を進める伝道団体があります。T&M 、ビーワン教会ネットワーク、東京ハウスチャーチ・ネットワーク、名古屋のEPICミニストリーズなどです。

より多くのクリスチャンが、主の御国のために心を開き、自分の家を提供してくれますように。

主がご自分の御国を広げるために、「普通の日本人」をどのように用いてくださるかを知ることができますように。

主の御国が多くの人が集まる場所へと広がり、また教会に建物に足を踏み入れることのない人たちにまで広がっていきますように、お祈りください。

4月24日～29日　新潟県

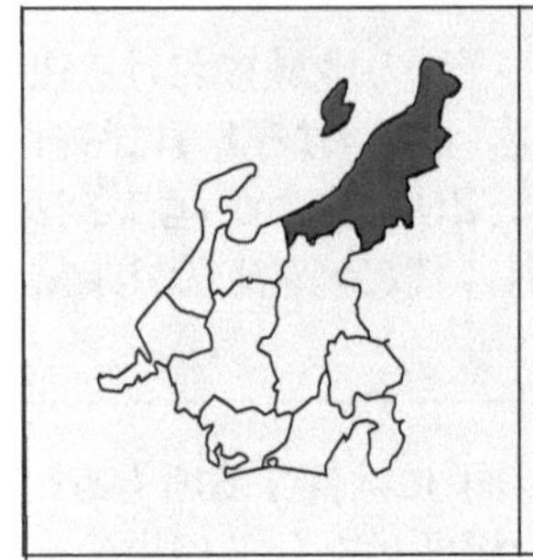

人口	2,159,655人	面積	12,584 km²
県庁所在地	新潟市	密度	172人/km²
市	20	教会のない市	阿賀野市 39,856人
教会が1つしかない市	3		燕市 76,074人
		糸魚川 39,448人	胎内市 27,781人
町/村	10	教会のない町/村	10
教会	94	1教会あたりの人口	1:22,975人
宣教師	8人	宣教師1人あたりの人口	1:269,957人

新潟県は全都道府県の中で5番目に大きい県です。降雪量では全国1です。本土からほぼ50km離れた日本海には、日本で8番目に大きい佐渡島があります。

新潟県は北海道に次いで2番目の米の収穫量を誇ります。冬季には雪が多く外での仕事が限られるので、多くの人が大都市に仕事を求めに行きます。

新潟の人は、700年ほど前に渡来した仏教に精神的支えを得てきました。仏教の一派には、佐渡島に島送りにされた日蓮の教え(日蓮宗)があります。別の一派は親鸞が始め、浄土真宗と呼ばれます。浄土真宗は、人は自分の働きや祈りによって救われることはできず、ただ阿弥陀如来の慈悲によるという教えです。

1875年にサミュエル・ブラウンが、新潟英学校で教えるために招聘されましたが、毎週日曜日に聖書を教えていたために解雇されました。1875年にT.パームは、押川方義と吉田亀太郎の協力を得て、医療伝道を行いました。(パームは新潟県には他に宣教師がいなかったので、新潟県を選びました。)同年パームは子どもの誕生に際して妻子を亡くしました。妻メアリーの死によって、新潟県で初めての人を信仰に導き、さらに100人もが改宗し、新潟で最初の教会ができました。

＊参照：p164に祈りの追加情報

24	2000年に行われたある調査によると、毎週土曜日午前5:30放送のキリスト教テレビ番組「ライフ・ライン」を13,000世帯が視聴していました。番組に対してはクリスチャンでない人から328件の反応があり、48人が聖書の通信コースを受講し、3人が教会を紹介され、1人が受洗したそうです。
25	新潟市にあるキリスト教専門書店、ライフセンター新潟書店と清光書店が多くの人々を祝福し、経営面でも安定するようにお祈りください。 クリスチャンの数が少ないため、多くのキリスト教関係の本が、1,000～2,000部しか売れず、したがって再版されることがありません。しかし中には、一般市場にも届くような本の出版を模索している著者やキリスト教出版社があります。2009年12月に出版された守部喜雅氏の「聖書を読んだサムライたち」は、キリスト教界の外でもベストセラーになりました。 このような本がもっと多く出版されますように。
26	新潟聖書学院では3人の学生が学んでいますが、ここ数年学生数が減少しています。長年にわたって困難に耐えぬき、多くのクリスチャンの働き人を育て、教育してきました。
27	敬和学園で学ぶ1,350人の学生のうちの多くが、イエス・キリストの必要に気づきますように。またさらに多くのキリスト教主義の学校が創られますように。少なくとも12のプロテスタント幼稚園と3つの保育園があります。
28	阿賀野市は人口39,856人ですが、教会がありません。吉田町・村松町・塩沢町は人口が20,000人以上ですが、合併によって無教会の地域がわかりにくくなっています。どうかこれらの場所で早く教会が始められますように。
29	2004年10月23日の地震によって苦しんでいる人たちのためにお祈りください。21人が亡くなり、1,900人が負傷、60,000人が自宅に戻れませんでした。(詳細な情報はウィキペディアをご覧ください。) さらに2007年7月16日には、マグニチュード6.8の地震に襲われて、5人が死亡、630人が負傷しました。そして少なくとも1つの教会が損壊しました。

4月30日～5月2日　世界救援活動

30

日本福音同盟(JEA)の援助協力委員会は、加盟教会に対して、国内外の救いの達成と、現地の福音組織を通じた経済的支援への協力要請を行っています。

クラッシュジャパンは、東京に本部を置く非営利クリスチャン災害援助団体です。2011年8月より一般社団法人となっています。災害に効果的に対処できるよう、災害が起こる前に教会や団体を訓練し、整えます。また災害時には、被災地にある教会や地元のキリスト教団体と共に働く、クリスチャンボランティアを派遣します。

サマリタンパースは、クラッシュやワールド・ビジョン等の救援支援団体と共に、2011年に起きた東日本大震災の復興支援のために重要な活動をしてきました。

5/1

ワールド・ビジョン・ジャパンでは、災害時の救援活動・チャイルドスポンサーシップ・発展途上国の困窮している子どもへの援助依頼などの活動をしています。

ワールド・ビジョン・ジャパンは1987年10月、貧困、飢餓、紛争等によって虐げられた人々が、より良い未来への希望と夢を持って生活できる社会の実現に貢献する、という目的で創設されました。

日本国際飢餓対策機構(JIFH)のために祈りましょう。貧困と飢餓は、開発途上国での福音の働きの主な障害になっているので、JIFHは救援と開発計画を必要としている国々にクリスチャンを送っています。また日本国内で、貧困に関する教材を用いた学生向け英会話クラスを主催しています。

2

刑務所伝道　日本の刑務所で服役している人たちが福音を聞いて、キリストの自由を理解することができますように。日本の収監率は他の国に比べるととても低く、世界では202位、人口100,000人当たり47人です。

刑務所ごとに制度が違いますが、刑務所のボランティアチャプレンは通常1ヶ月に1回、また限られた人数の服役者だけの訪問しか許されていません。非常に厳しい規則や過酷な刑務所の制度にもかかわらず、神様は祈りに応えてくださり、日本中の刑務所で服役者が救い主のもとにやってきています。1回の数は少ないですが、こうした現状の中で、驚くべきことに、ここで1人、あそこで1人と決心者が起こされています。

3

ディアコニアセンターは千葉県の千葉市と佐倉市、長野県にあって、クリスチャン・ボランティアによる活動と、アルコール依存症や堕胎後の悩みに苦しむ人へのカウンセリングなど、多様な活動を行なっています。また学校を中退した子どもへの援助も行っています。

御茶ノ水のクリスチャンセンターにある、マザーズ・カウンセリングセンターは、家庭内の問題で悩む人のサポートをして神の愛にあふれた家族の雰囲気で、優しく慈愛を持って子どもを育てる方法を教えています。

4

CS成長センターでは、「成長」という日曜学校教案誌、デジタル教材、リビングバイブル(日本語版)、子どもと家庭のための書籍を発行しています。フォレストブックスは、クリスチャンでない一般の人を対象としています。いのちのことば社の活動の一環で、小・中学生を対象としたジョイジョイキャンプを開催しています。

日本児童福音伝道協力会(日本CEF)とその教師養成所は、光の子会福音集会、日曜学校教師養成セミナーを運営しており、地域の教会の働きを助けています。

5

中学聖書クラブ協力会は聖書同盟が支援する団体で、中学生に聖書の真実を教え、信仰へ導き、毎日聖書を読むように励ましています。

聖書同盟は1955年に日本で始まりました。その3つの使命は、クリスチャンが聖書全編を通読するよう勧めること、若者への伝道、健全なクリスチャンファミリー育成の支援です。現在約5,000人が「みことばの光」、2,000人が「ジュニアみことばの光」を読んでいます。「みことばの光」の編集長であり主事である嶋田博考牧師のために、また「ジュニアみことばの光」の編集者の小林弘典氏のために祈りましょう。

ファミリー・フォーラム・ジャパンは家族の絆を強めることで教会に奉仕をしています。ラジオ番組・セミナー・ビデオ・本・雑誌などによって、家族問題に焦点を当てて福音を伝えています。大村信蔵氏が代表を務めています。

日本には7,442のプロテスタント教会があり(2022年クリスチャン情報ブックによる)、ローマ・カトリック教会が996、ロシア正教会が67あります。プロテスタントの中に160以上の教派と教会連盟がありますが、日本基督教団が最大の組織で1,688教会があります。日本バプテスト連盟と英国国教会には300以上の教会があり、その他の10 教派に100以上の教会があります。そしてこれら上位3 教派が、日本の全てのプロテスタント教会の40%を占めています。(2011キリスト教年鑑)

多様な教派や協議会がありますが、日本のプロテスタント教会は、日本キリスト教協議会(NCC)のような形で、より広いつながりを持っています。協議会には日本基督教団、日本聖公会、日本福音ルーテル教会、日本バプテスト連盟、在日韓国基督教会その他の主流な教派が加盟しています。同じような組織としては、日本福音同盟(JEA)があります。日本福音同盟は、世界福音同盟とアジア福音同盟の一部です。日本キリスト教協議会に福音派教会を含めたら、日本のプロテスタント教会の50%は福音派と呼ぶことができるでしょう。

1996年に日本リバイバル同盟(NRA)が、日本のリバイバルを祈り求めるために結成されました。聖霊派とペンテコステ派が多く参加しています。

日本で奉仕する宣教師の約50%は、日本福音宣教師団(JEMA)に所属しています。

結婚・離婚・自殺

2020年の日本の統計によると、60秒に1組が結婚し、163秒に1組が離婚しています。結婚の平均的な年齢は上がっていて、男性31.0歳・女性29.4歳です。(厚生労働省による)全人口に占める自殺率は2020年に100,000人に16.7人で、前年より4.4%増加しました。

苦しい家計

日本の過半数の家庭では家計状況を厳しいと答えています。2019年に厚生労働省が行った国民生活基礎調査によると、調査対象の54.4%が生活が厳しいと答えていて、母子世帯では86.7%に上りました。

6	東京都のお茶の水クリスチャンセンターは、学生伝道に加えて、会議室や、JEA(日本福音同盟)、JEMA(日本福音宣教師団)、その他多くの福音伝道の働きのために、事務所を提供しています。クリスチャンリーダーを養成しているお茶の水聖書学院もセンターの中にあります。
7	日本福音宣教師団 (JEMA) には1,786人の宣教師と44宣教団体が所属しています。抵抗の多い状況の中で働いている宣教師のために、霊的な力と信仰が与えられるようお祈りください。
8	日本福音同盟 (JEA) には、1,704の教会と276の福音拠点、55教団と42伝道団体が加盟しています。石田敏則師 (シオン・キリスト教団) が理事長を務めています。日本福音同盟は日本伝道会議を主催していて、第6回会議は2016年に神戸で開催されました。
9	日本福音主義神学会は、御ことばの福音的理解により教会が強く成長できるように研究をしています。 東京ミッション研究所(TMRI) と、関西ミッション・リサーチ・センター(KMRC)のために祈りましょう。
10	日本国外に少なくとも342の日本語教会があります。聖霊がそれぞれの牧師やリーダーを強めて下さり、その地に永住している方、あるいは一時的に滞在している方への伝道を祝福して下さるように。
11	日本全国にある7,442のプロテスタント教会のために。平均的な教会の会員数は62.4人、礼拝出席者は39.2人である事を覚えて下さい。40カ国以上で伝道をしている225人の日本人宣教師のためにもお祈りください。

5月12日～16日　富山県

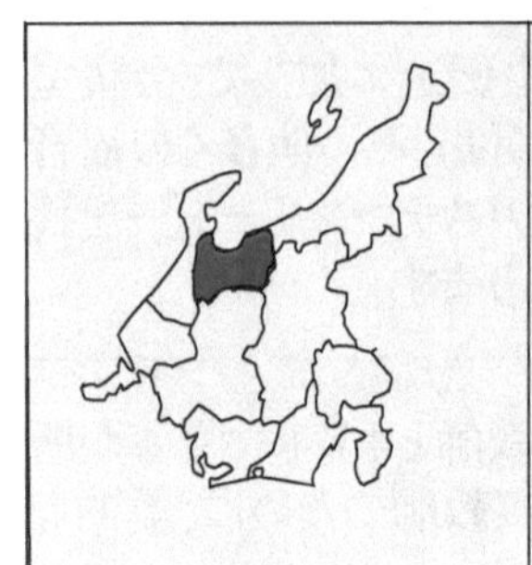

人口	1,018,679人	面積	4,248 km^2
県庁所在地	富山市	密度	240人/km^2
市	10		
教会が1つしかない市	3	氷見市	42,437人
		魚津市 39,512人 滑川市	32,134人
町/村	5	教会のない町/村	3
教会	41	1教会あたりの人口	1:24,846人
宣教師	4人	宣教師1人あたりの人口	1:254,670人

富山県の東部には険しい立山連峰があって、往来はほぼ不可能です。山地では降雪量が多く、貴重な水源となっていますが、山麓の平地に洪水を起こすことはほとんどありません。空気が非常に乾燥していて、風も強いので火災の危険があります。

耕作可能地は大部分が水田で、長年稲作が経済を支えてきました。山の大半が国立公園のため林業は盛んではありません。富山湾の豊かな恵みによってかつては漁業が盛んでしたが、近年は衰退の傾向にあります。そして北陸工業地域の中核として、北陸地方の重要な拠点となっています。

仏教徒の割合は全国最多で、非常に多くの人が親鸞の教えに従っています。他の地域との違いは、物質的な利益を求めるのではなく、より霊的な理由で、どのようにこの世の煩悩を消すかということに焦点を当てているという点です。

1880年に日本基督教団が石川県の金沢に教会を設立しました。その教会で牧会をしていたT.C.ウィン宣教師が、4人の人と共に富山県へ行き、8月13日に富山市で初めての福音集会を開きました。2日間の集会には800人の人が参加しました。1890年にはメソジスト派の働きが始まり、翌年宣教拠点ができました。

12	仏教の影響が強く、教会も少ないので、教会間の強い信頼と一致が生まれることが必須です。富山県の教会員数と礼拝出席者数は全国でも最少水準です。
13	キリスト教の書店・神学校・修養施設・キャンプ場・キリスト教学校・大規模な医療機関はありません。北日本放送では、「世の光いきいきタイム」(日曜午前7:00)と「聖書の話」(日曜午前6:45)というラジオ番組を放送しています。
14	多くの方々の祈りの答えとして、滑川市に新しい教会ができました。2004年3月に教会の建物を献堂し、伝道を開始しました。主を褒め讃えましょう。
15	4つの幼稚園と教会付属の3つの保育園には、650人の子どもたちがいます。一般の福祉施設で働いているクリスチャンの証しのためにもお祈りください。
16	立山と五箇山の山間部には教会がありません。立山町と上市町は人口2万人ほどの町です。小杉町・大沢野町・八尾町は合併によってわかりにくくなっていますが、比較的人口が多く教会がない町です。氷見市・魚津市・滑川市には現在1つずつ教会があります。

帰国者

1800年台の終わりに、中村雄次郎は英国留学中にイエス・キリストの御許に来ました。日本に帰国すると1888年に三重県で、最初の会衆派教会を設立しました。

アメリカでは100万人以上の留学生が学んでいます。日本人学生の数は2000年以降減少していますが、高等教育機関で学ぶ学生は2万人弱います。また全体の20%は中学生と高校生です。2018年の推計では、1,800万人以上の日本人が海外を訪れ、2019年には約365万人がアメリカを訪れました。

世界中のクリスチャンがこの絶好のタイミングに、自分の人生や信仰をこれら滞在中の日本人と分かち合っています。毎年日本に帰国した日本人のうち1,800人以上が、海外滞在中に聞いた福音に深く感銘を受けています。

5月17日～19日　海外での日本人への宣教

アメリカの日本語教会

カリフォルニア州	78
ハワイ州	20
ワシントン州	11
イリノイ州	8
その他	56
合計	173

各地域で日本語教会が多い国と数

アジア	韓国	10
オセアニア	オーストラリア	10
ヨーロッパ	ドイツ	9
南米	ブラジル	92

概略

1.海外在住者は増えているものの、海外の日本語教会の数は減っています。1997年には世界中に391の教会がありましたが、2018年には342になりました。

2. これらのデータは、キリストのために海外在住の日本人とつながりを持つ必要性と機会を示しています。海外在住者は3つのカテゴリーに分けることができます。1番目は一時的な海外居住者です。日本のパスポートを所持している学生やビジネスマン等を表します。2番目は日系人で、他国に移住して長期に滞在している人たちです。3番目は日本人旅行者です。

出典：日本外務省統計(2018)/ 日本政府観光局(2017)/ クリスチャン情報ブック(2018)

	国	人数	教会	教会/人口
一時居住者	アメリカ	426,206	173	1/2,464
	中国	124,162	5	1/124,832
	オーストラリア	97,223	10	1/9,722
	タイ	72,754	2	1/36,377
	カナダ	70,025	3	1/5,387
日系人	ブラジル	1,800,000	93	1/19,355
	アメリカ	1,469,637	173	1/8,495
	フィリピン	255,000	5	1/51,000
	中国	127,282	5	1/25,456
	カナダ	109,740	13	1/14,672
	ペルー	103,949	1	1/103,949
旅行者	中国	7,355,800	2	1/3,677,900
	韓国	7,140,200	10	1/714,020
	台湾	4,564,100	4	1/1,141,025
	香港	2,231,500	3	1/743,833
	アメリカ	1,375,000	173	1/7,948

17

海外には342以上の日本語教会があります。聖霊がそれぞれの牧師とリーダーを強めてくださいますように。その地域に永住している人のために働き、一時的に住んでいる人に関わっていくことができるようにお祈りください。2018年のキリスト教年鑑によると、アジアに34、ヨーロッパに36、北アメリカに173、中央および南アメリカに99、オセアニアに13の日本語教会があります。

18

海外でキリストに出会った日本人の中には、帰国してから地域の教会にとけこむのに困難を覚える人が多いようです。日本の教会は小規模であったり、保守的であったり、海外で慣れていたような交わりが不足していることがあります。帰国者が近くに教会を見つけて、日本でのクリスチャン文化に適応するよう支援している組織のために祈りましょう。海外にいる日本人に伝道しようとしている団体もあります。明日の祈りの中にある団体の他にも、インターナショナル・スチューデンツ、CRUインターナショナルとそのブリッジ伝道などがあります。

19

海外で日本人に伝道している人たちのために。

RJC(Reaching Japanese for Christ Network)は、北アメリカとその他の国で日本人に伝道をしている人と協力し、支援しています。

JCFN(Japanese Christian Fellowship Network)の使命は、「日本人クリスチャンを(世界)宣教に」です。多文化経験を持った帰国者、特に日本以外で信仰を得た人が神様のお召しに耳を澄まし、従うこと、神様の家族のためのコミュニティー(教会)を建てあげること、キリストの弟子を育成する指導者を育成すること、そしてよりキリストに近い者となることを目的としています。

JCL(Japan Christian Link)では、イギリスにいるクリスチャンを、近くにいる日本人に関わるように養い、教育し、励ましています。日本と海外において宣教師、仲間たち、ボランティアがフルタイムの教会の働きによって、また社会で仕事をしながらの自主的な働きによって、あるいは個人的に友達や同僚に福音を分かち合っています。海外在住の日本人への働きかけは、常にこの団体が重視してきたことです。イギリスでは数多くの伝道拠点が成長を続け、ヨーロッパ全体の日本人クリスチャンのコミュニティに積極的に関わっています。

最初の宣教師

日本で最初の宣教師は1890年代に、一人の宣教師が沖縄に派遣された時にまで遡ります。しかし当時沖縄は公式に日本の一部だったので、日本人で最初の宣教師は乗松雅安であると言うべきでしょう。乗松は日本でも最も初期の教会、横浜海岸教会で1887年に改宗しました。1896年に朝鮮に行き、17年間にわたってとても実り多い教会開拓伝道をしました。

現在の宣教状況

2018年のクリスチャン情報ブックには、108の海外宣教団と225人の宣教師が載っています。2004年版では134団体でした。このうちおよそ半数は、特定の宣教師を支援する小さな教会単位の支援団体です。

これらの宣教師は世界中ほぼ44カ国で奉仕しています。日本語を話す教会で奉仕する人もいますが、ほとんどは異文化伝道です。

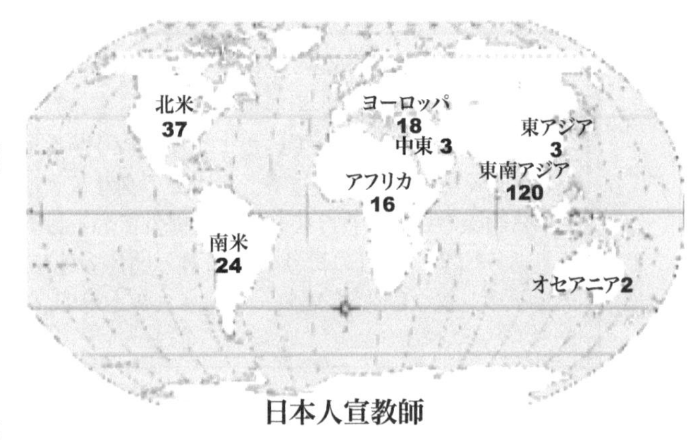

日本人宣教師

日本人宣教師の数

日本人宣教会	宣教師数	派遣国数
アンテオケ宣教会	19	7
日本基督合同教会	19	11
ウィクリフ聖書翻訳協会	17	7
日本バプテスト聖書神学校	12	4
TEAM	12	6
WFSミッション	10	4
OM日本	8	—
イムマヌエル綜合伝道団	7	4
アッセンブリーズ・オブ・ゴッド教団	7	3

20 全世界でキリストのために労している数百人の日本人宣教師のために。より多くの人々がこの宣教の働きに起こされるように、主にお願いしましょう。また宣教師が宣教報告や休暇のために帰国した時、彼らの働きの証しが地元の教会を力づけ、それぞれが周囲の人たちに福音を広げていけるよう祈りましょう。

21 ウィクリフ聖書翻訳協会の働きのために。ウィクリフ聖書翻訳協会では、世界中の人が第一言語(母語)で聖書を読めるように、聖書翻訳等の奉仕をしています。1968年に設立され、これまで50人以上の宣教師が世界各地へ派遣されました。聖書の翻訳、民族語の調査・研究、識字教育、そして聖書を用いた働きを通して、世界中の人に福音を伝える日本の諸教会の支援をしています。2022年時点で世界の聖書の翻訳状況は、聖書全巻724言語、新約聖書1,617言語、分冊1,248言語です。ウィクリフ聖書翻訳協会ホームページより< https://www.wycliffejapan.org/ >

5月22日～25日　石川県

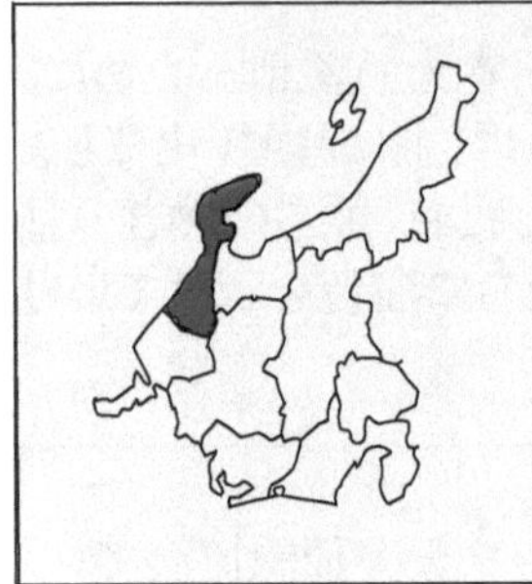

人口	1,118,941人	面積	4,186 km²
県庁所在地	金沢市	密度	267 人/km²
市	11	教会が1つしかない市	2
		野々市市 57,767人	珠洲市 12,622人
町/村	8	教会のない町/村	4
教会	57	1教会あたりの人口	1:19,631人
宣教師	16人	宣教師1人あたりの人口	1:69,934人

冬と夏には雨が多く、沿岸部を除くと降雪量がとても多い地域です。能登半島に良い漁港があるので、漁業が盛んです。漁獲高は全国で19位、日本海に面した県では3位です。南部の中程にある加賀平野は、早稲種の加賀米の産地で、全国に出荷されています。能登半島は傾斜地が多く耕作面積が限られているので、棚田や畑作、果実の栽培を行っています。農業生産量は富山県より少なく、福井県より少し多い量です。伝統工芸では、全国1位を誇る漆器や九谷焼が有名です。

戦国時代以降、この地域の生活は安定していました。人々は保守的で若干皮肉な面もありますが、それは厳しい寒さと豪雪、そして日照量が少ないせいもあるでしょう。石川県は『仏教王国』と呼ばれるほどで、日曜ごとにお寺の説教を聞き、日曜学校に参加することが一般的です。その信仰は原始神道と民間伝承が混ざり合い、また様々な地域の宗教的祭礼との混合が見られます。

16世紀にキリスト教の抑圧が開始された時に、高山右近は自宅謹慎に処されました。周囲の推測に反して彼はカトリックの宣教を続け、教会と神学校を始めました。25年にわたる布教によって1,000人以上が改宗しましたが、高山はマニラに追放されてそこで亡くなりました。

1879年にT.C.ウィンが中学校の英語教師として金沢に派遣されました。英語を教えるかたわら、伝道集会を開く特別な許可をもらい、6ヶ月の伝道の結果7人が受洗しました。翌年北陸地方で初めての教会が組織されました、

22	石川県の1,118,941人の県民が、3,000人のクリスチャンと57の教会とのコンタクトを持つことができますように。今年多くの人が教会の礼拝に出席したり、様々なキリスト教の活動に参加するようになりますように。 10,000人以上が、毎週MROラジオで「世の光いきいきタイム」(日曜午前6:45)を聞いています。 児童福祉施設のためにお祈りください。金沢市の梅光児童園には30人、しお子どもの家には35人の子どもたちがいます。
23	能登聖書教会のために。教会の施設は修養センターとして使われていて、60人が利用できます。野々市市(57,767人)と珠洲市(12,622人)には教会が1つずつしかありません。
24	CLCこひつじ書店は、内灘町の内灘聖書教会内にあります。 金沢市の北陸学院(中・高校・短大・大学・専門学校)は1885年設立で、1,700人の学生がいます。北陸地方で唯一のキリスト教学校です。学院が常に主に忠実で発展していくことができますように。また教会付属の15幼稚園と6保育園にいる2,000人の子どもたちのためにお祈りください。
25	この10年で石川県の教会は2つ減りました。それぞれの教会が、近くにいる人たちに愛をもって接することができますように。 OMインターナショナルの宣教師の増員により、県内で奉仕する宣教師の数が増えました。 65,000人以上の人口に、ただ2つの教会しかない加賀市のために特に祈りましょう。1953年に創立した加賀中央キリスト教会は23人の会員しかいません。日曜日9時半の礼拝の他に、毎朝6:20から祈祷会をしています。

5月26日～30日　福井県

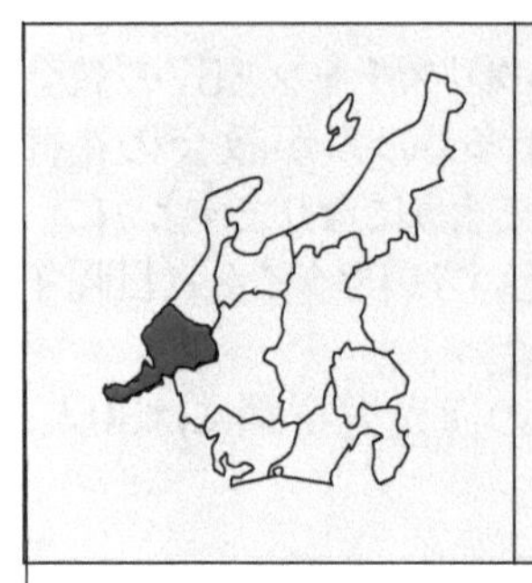

人口	754,788人	面積	4,190 km^2
県庁所在地	福井市	密度	180人/km^2
市	9		
町/村	8	教会のない町	4
教会	41	1教会当たりの人口	1:18,409人
宣教師	2人	宣教師1人あたりの人口	1:377,394人

石川県・岐阜県・滋賀県・京都府と接していて、県の北東から南西にかけて複雑な地形の山脈が走っています。県の北部には大野盆地と福井平野があり、九頭竜川が流れています。南部には敦賀湾があり、西側の海岸線は込み入っていて独特の自然美を生み出しています。福井県には2つの国立公園があります。豪雪地帯で、年間を通して降雨量も多く、地形と同じく気候も複雑です。

面積は小さいのですが、米の収穫量は国内最多水準を誇ります。また繊維産業も盛んです。鯖江市では日本の90％以上の眼鏡フレームを生産しています。関西地方に近いためか、他の北陸2県よりは文化の変化に寛容な雰囲気があります。

人口に対する仏教寺院の割合は日本でもっとも高く、伝統的な仏教の影響があまりに強いために、創価学会の信者もほとんど見られません。

本間重慶は、武士の家に生まれた同志社大学の初代卒業生で、在学中に主の導きを受けて1879年に岐阜県と福井県で伝道を始めました。神戸で信者になった松浦きのすけが本間の伝道を助けました。松浦はクリスチャンになってから、家の公衆浴場を受け継ぎましたが、地元の人の信仰に対する偏見の故に商売を続けることができなくなってしまい、自宅をキリスト教の講義所としました。1880年からキリスト連合教会が毎年その講義所へ伝道師を派遣して布教に努め、1886年に教会が設立されました。

26	41教会の牧師ご夫妻が良き指導者となり、1つ1つの交わりを通して神様の愛を強く感じさせる者となりますように。 1,471人の信者が今年中に、それぞれ1人ずつを救い主に導くことができますように。 2010年には福井県全体での受洗者数は7人だけでした。福井県の1教会の洗礼者数は平均的0.18人と最も少なく、教会ごとの日曜礼拝出席者数も2.07人と最少で、どちらも全国的に見て最も少ない県であることがわかります。
27	キリスト教の修養施設・キャンプ場・医療施設・福祉施設・学校は全くありません。クリスチャン情報ブックには、県ごとの最初のページに、クリスチャンが経営している多様な会社や店のリストがあります。福井県には1つしか掲載されていなくて、日本で最少です。福井県では坂井市のヘアーサロンナカヤです。どうか多くのクリスチャンが、この地において事業を成功させることができるようにお祈りください。
28	福井キリスト教書店と、FBCラジオで放送している5分間の「世の光」(毎日午前6:40)のために。 教会付属の9つの幼稚園と2つの保育園の先生と子どもたちのためにお祈りください。
29	今週行われる仏教式の葬儀に参列する福井県の多くの人が、創造主である神様の存在を知り、求めるようになりますように。 福音の証しとして、キリスト教の福祉施設が建てられますように。この県の医療機関で働いているクリスチャンのために祈りましょう。
30	4つの教会がない町村で、教会が始められますように。そのうちの1つ、越前町には19,559人以上が住んでいます。

5月31日〜6月4日　山梨県

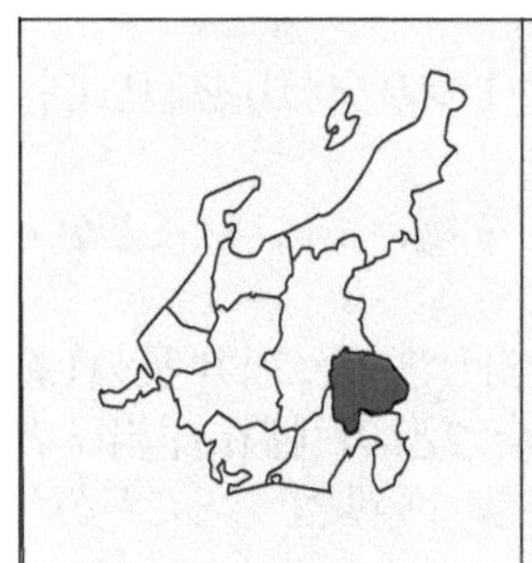

人口	801,835人	面積	4,465 km²
県庁所在地	甲府市	密度	180 人/km²
市	13	教会が1つしかない市	3

中央市 30,898人　都留市 30,406人　韮崎市 28,595人

町/村	14	教会のない町/村	10

人口2万以上で教会のない町/村　富士河口湖町 26,138人

教会	64	1教会あたりの人口	1:12,529人
宣教師	9人	宣教師1人あたりの人口	1:89,083人

山梨県はフォッサ・マグナ（大地溝帯）の真上にあり、本州はこの大地溝帯によって東日本と西日本に分かれています。県の中央部は北の八ヶ岳と南の富士山に挟まれています。盆地の気候は冬は寒く、夏は暑くなります。

山梨県の地勢や気候を考えると、米の生産高は比較的多いのですが、水田の耕作面積が少なく、全体的に見ると生産量が低いため、農業収入は全国的には低い水準にあります。

どこの県においても山に囲まれた場所では、人々は強い共同体意識を持っています。中でも山梨県の家族や友人との親密さは、日本でもっとも強いと言えるでしょう。

日蓮は仏教の修行を終えてから山梨県南部にある身延山に籠り、後に日蓮宗の総本山、身延山久遠寺ができました。

1877年に南駒のある学校がカナダ・メソジスト教会のC.S.イビー宣教師を特別講師として招き、その後山梨英和学院という英語学校ができました。翌年イビーの家族全員が甲府に移り住み、7月7日に伝道所を開きました。イビー宣教師は馬に乗って山梨県中を回り、20の伝道所と7つの教会を設立しました。

甲府市内にはいくつもの教派の教会がありますが、農村部では非常に限られています。鉄道と道路によって東京とつながり、近代化が進むにつれて県民の考え方も徐々に変わりつつあります。

31	山梨県には12,529人に1つの教会があります。これは日本で5番目に多い割合です。64教会の1つ1つが、山梨県の全ての場所に届くように、さらに情熱が増し加わりますように。 清泉寮では青少年に、希望・食料・健康を与えることを目的としています。
6/1	キリスト教の修養施設:トーチベアラーズ山中湖センター、東京YMCA山中湖センター、その他のために。 山梨県で奉仕をしている9人の宣教師とご家族のために。経験しているかもしれない特別なプレッシャーのためにお祈りください。
2	歴史がある山梨英和学院の1,620人の生徒のために。自然学園高校の200人の寮生と通信制生徒のために。その他にも何校かキリスト教の専門学校があり、プロテスタントの幼稚園が7つ、保育園が2つあって、782人の子どもたちが通っています。
3	1950年に創設された北杜市の清里聖路加診療所や、10人の人々が参加している、笛吹市のどんぐり牧場の社会福祉ミニストリーのために。30人の知的障がいがある子どものための働きをしているひかりの家学園のために。
4	中央市・都留市・韮崎市には現在1つずつ教会があります。 10町村には教会がありません。その中で富士河口湖町は人口26,138人で最も大きな町です。教会開拓に携わっている人がこれらの地域に福音を届けるビジョンを持てるようお祈りください。 山梨県では、市町村合併前に38の町や村に教会がありませんでした。合併によって教会のある自治体の一部になった、それらの町と村のためにお祈りください。

6月5日～10日　長野県

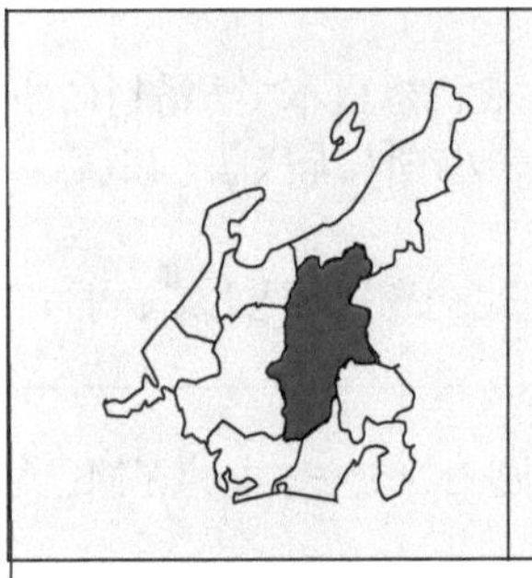

人口	2,023,254人	面積	13,561 km²
県庁所在地	長野市	密度	149人/km²
市	19		
町/村	58	教会のない町/村	39
		人口2万以上で教会のない町/村　箕輪町	24,771人
教会	155	1教会あたりの人口	1:13,053人
宣教師	37人	宣教師1人あたりの人口	1:54,683人

長野県は日本で4番目に大きい県です。県の西側には日本アルプスと呼ばれる3つの山脈があります。県の主要な産業は農業で、関東・近畿・中部地方の中で農業従事者の割合がもっとも高くなっています。

山地が多く土地が不足しているので農業産出量は少なく、大麦は国内10位です。米と大麦の生産は限られていますが、レタスとセロリは全国有数の産地で、リンゴやブドウは全国第2位です。

戦国時代から江戸時代にかけて、長野はいくつもの領地に分断されてきました。何世紀も後になって、長野県として1つになりましたが、依然として地域ごとに異なる特徴があります。長野県では子どもの教育にとても熱心です。長野県のシンボルとして善光寺が有名ですが、死後の世界を信じる人の割合は日本で最少です。

上田藩の稲垣信は1872年に英語を学ぶために横浜へ行き、そこでJ.H.バラ宣教師に出会いました。稲垣は上田に帰って自宅で聖書研究会と祈祷会を開きました。また様々な伝道活動とともに禁酒運動も始めました。翌年8月には16人が洗礼を受け、10月にはさらに19人が受洗しました。そして長野県初の教会が上田市に、37人の教会員で設立されました。

キリスト教の医療施設はいくつかありますが、キリスト教の学校は1校だけしかありません。長野市にあるカトリックの清泉女学院高校と清泉女学院大学と短大です。

＊参照：p164に祈りの追加情報

5	県内にある155の教会が健全な成長をして、教会設置のために新しいビジョンを獲得しますように。キリスト教のキャンプ場とリゾートがいくつかあります。キャンプ場の繁忙期は7月末ですが、訪れる多くの人が英気を養いイエス様に導かれるように、準備を整えることができるようお祈りください。
6	キリスト教書店のために。上田市にある上田バイブルセンターと安曇野市の豊かな命聖書書店のために。ラジオ伝道では、信越放送が放送している「 世の光いきいきタイム」(日曜午前7:10)のために。
7	知的障がいがある人のためのカルディア会上田いずみ園の37人と、1919年に始まった子どものための興望館沓掛学荘の30人のために。 この地にある福祉施設のために。キリスト教年鑑には、プロテスタントが2つ、カトリックの施設が4つ載っています。三育会が運営する2つの施設には186人がいます。 これらの施設にいる人々と家族が、永遠の命をくださるイエス様を知るようになりますように。
8	日本バプテスト聖書神学校 の17人の学生と、1,800人の子ども達のための働きをしている、16の教会付属幼稚園と4つの保育園のために。
9	キリスト教医療機関のために祈りましょう。60床の賛育会豊野病院と、151床の新生病院とその高齢者のためのミニストリーのために。また、43床の長野市の愛和病院のために。
10	教会未設置の39町村のために祈りましょう。東筑摩郡には5町村があり、23,000人近くが住んでいますが1つも教会がありません。上伊那郡の箕輪町には教会がありません。

6月11日～16日　岐阜県

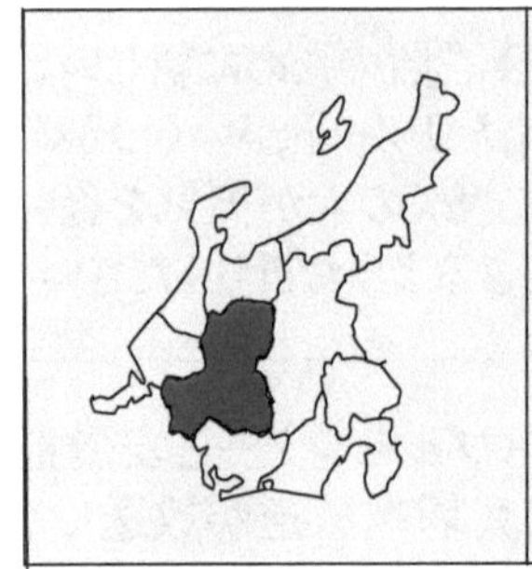

人口	1,947,105人	面積	10,621 km²
県庁所在地	岐阜市	密度	183人/km²
市	21	教会のない市　美濃市	18,596人
		教会が1つしかない市	7
町/村	21	教会のない町/村	12
		人口2万以上で教会のない町/村	3
教会	86	1教会あたりの人口	1:22,641人
宣教師	16人	宣教師1人あたりの人口	1:121,694人

岐阜県は全国で7番目に大きい県ですが、居住地の面積割合は全国で下から3番目(高知県が最下位、2番目は島根県)になっています。南部の美濃地方は濃尾平野で愛知県と接しています。北部の飛騨地方は、中央の小さな高山盆地を標高2,000m以上の高い山が取り囲んでいます。北部と南部では、地理的にも気候的にも全く異なる様相を見せています。

広大な森林と山地があるので、林業が盛んです。

歴史的に様々な出来事がありましたが、岐阜県の人は保守的で自分たちの生活様式にとても満足しています。また自立した勤勉な性格です。

死後の世界を信じないという点では、岐阜県の人は日本で4番目に多くなっていますが、同時に仏教徒の数では北陸3県に続いて第4位になっています。

1887年にイギリスの宣教師A.F.チャペルが、中学校で英語を教えるために岐阜県に来ました。チャペルの証しによって27人の信者が1890年に最初の教会を建てました。同じ年に大垣に宣教拠点ができ、7月に劇場で行われた集会では10,000人以上が福音を聞き、その結果大垣周辺に22の宣教拠点ができました。

スウェーデン出身のフレデリック・フランソンは、日本の布教に対して強い使命感を持ち、同盟基督教会(スカンジナビア・アライアンス・ミッション)、現在のTEAMを設立しました。伝道の場所として飛騨を選びましたが、それは当時日本でもっとも交通の便が悪かったためです。

＊参照：p164に祈りの追加情報

11	県内にある86教会の3,673人の教会員、そして礼拝に参加している2,653人のために、あなた自身の教会のために祈るのと同じように、とりなしをお祈りください。牧師や宣教師の人たちが、神様の力強い御ことばを分かち合えるようにお祈りください。
12	キリスト教の修養施設のために。国府町にあるあぶらむの宿は伝統的な家屋で、教会のキャンプや修養に使われています。根尾クリスチャン山荘は、県の南西部にある本巣市に位置しています。本巣市には教会が1つしかないので、キャンプがその一帯に効果的な証しとなるよう、特にお祈りください。キャンプ・ラファヤダは、JEBMと関市の美濃関めぐみバプテスト教会が主催しています。名古屋YMCA日和田高原キャンプ場、その他のために。
13	今日、クリスチャンが近所の人々や、職場、学校でイエス様を分かち合う機会を持つことができますように。 ラジオ番組「世の光」(月～土曜午前6:10)のために。神様を求めている人が、放送を聞いてイエス様の元に来られるようにお祈りください。
14	3,908人の学生が通う岐阜済美学院(幼稚園、済美高校、中部学院大学)は、岐阜県で唯一のキリスト教主義学校です。教会付属の2つの幼稚園と1つの保育園に神様の祝福があるように祈りましょう。
15	視覚障がい者の岐阜訓盲協会。協会の施設には点字図書館と愛盲館があり、1,300人の人々がサービスを利用しています。また岐阜市にある、子ども80人、職員26人の日本児童育成園のためにも祈りましょう。
16	7つの市には1つしか教会がありません。そのうち大きい3市は瑞穂市(56,940人)、美濃加茂市(56,532人)、土岐市(54,017人)です。人口が5万人以上の3つの市のためにお祈りください。現在は瑞穂市の一部になった穂積町は人口が35,000人以上ですが、教会がありません。 岐阜県では、市町村合併前に69の町や村に教会がありませんでした。合併によって教会のある自治体の一部になった、それらの町と村のためにお祈りください。

6月17日～22日　静岡県

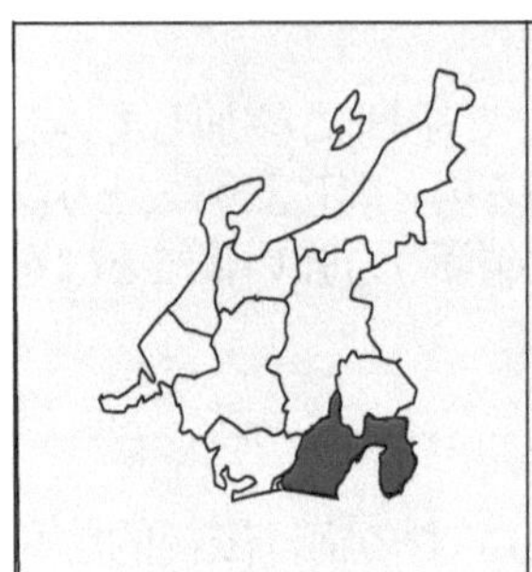

人口	3,586,682人	面積	7,777 km²
県庁所在地	静岡市	密度	461人/km²
市	23	教会が1つしかない市	2
	熱海市　33,105人	御前崎市	30,195人
町/村	12	教会のない町/村	1
教会	217	1教会あたりの人口	1:16,528人
宣教師	30人	宣教師1人あたりの人口	1:119,556人

静岡県の東側には伊豆半島と駿河湾があります。西側の海岸線はなだらかで御前崎から渥美半島にまで伸びています。

交通システムの整備・自然資源の豊富さ・人口の多さなどによって、静岡県の総合的な経済力は全国でトップ10に入ります。お茶の生産量は全国1、漁業ではマグロの漁獲高が全国1です。

静岡県の人の宗教意識は平均をわずかに下回っています。物や実利に関心があり、神や仏に強く頼ることはありません。

1871年にクリスチャン・チャーチの教育者が教師として静岡の学校に来ました。当時はまだキリスト教は禁じられていましたが、日曜ごとに生徒を自宅へ招き、聖書研究会を開きました。1874年にはカナダ人宣教師も来て、彼の主宰した聖書研究会を通して、初めの年に11人が洗礼を受け、静岡メソジスト教会が静岡県で最初の教会となりました。

明治時代初期には、静岡市と三島市が宣教師の主な伝道場所で、伊豆地方はアライアンス・ミッションの重点伝道地域でした。戦後になって、インマヌエル綜合伝道団が県内全域で伝道活動を行い、現在9つの教会があります。

＊参照：p164に祈りの追加情報

17	キリスト教書店：静岡聖文舎、ライフセンターいのちのことば社。浜松市のクリスチャン書店大空のために。静岡第一テレビの「ライフ・ライン」(土曜午前5:00)のために祈りましょう。
18	キリスト教のキャンプ場とリゾートがいくつかあります。キャンプ場の繁忙期は7月末ですが、訪れる多くの人が英気を養いイエス様に導かれるように、準備を整えることができるようお祈りください。御殿場市のYMCA東山荘、伊豆市の天城山荘（400人収容）、湖西市の浜名湖バイブルキャンプ、浜松市の浜名福音荘、その他。
19	静岡市にある静岡英和女学院と清水国際学園、浜松市にある聖隷学園のために。合わせて4,500人以上の学生がいます。富士市にある富士調理技術専門学校は 1965年創立、300人の学生が学んでいます。また9つの幼稚園と19の保育園があります。
20	聖隷福祉事業団の合わせて1,700床の3つの病院、及びそれらの健康診断センターのために。また、1889年設立で60床の神山復生病院と、賛育会東海診療所のために。
21	キリスト教の4つの高齢者施設に650人以上が暮らしています。これら施設における愛に満ちた奉仕によって、家族全員が救い主に導かれますように。
22	たった1つの教会しかない2つの市: 熱海市、御前崎市。20,000人以上の人口がある吉田町と大東町は掛川市と合併してわかりにくくなっていますが、やはり教会は1つしかありません。 静岡県では、市町村合併前に21の町や村に教会がありませんでした。合併によって教会のある自治体の一部になった、それらの町と村のためにお祈りください。

6月23日～28日　愛知県

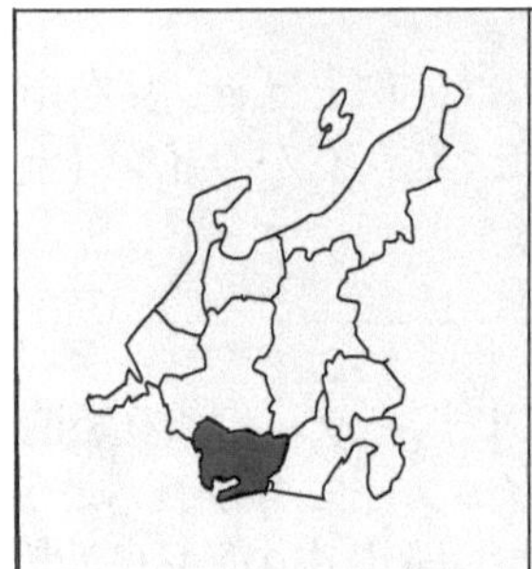

人口　7,497,028人　　面積　5,173 km²
県庁所在地　名古屋市　　密度　1,448人/km²
市 38　　教会のない市 2　　常滑市 弥富市
教会が1つしかない市 5　　北名古屋市、あま市、清須市、高浜市、岩倉市
町/村 16 教会のない町/村8 人口2万以上で教会のない町/村 4
教会　318　　1教会あたりの人口　1:23,576人
宣教師　101人　　宣教師1人あたりの人口　1:74,228人

愛知県の東部には木曽山脈の南端があり、東西に平野が広がっています。西側は濃尾平野の南半分です。気候は温暖で夏は降雨量が多く、冬にはとても乾燥しています。

愛知県の人口は国内第4位です。名古屋市が東京と大阪の中間地点にあって、日本において経済的・文化的に重要な位置を占めています。農業が主要な産業で、総生産は全国6位を占めます

愛知県は、徳川家の祖先が三河出身だったこともあって、徳川家との深い関係を持ってます。徳川御三家の1つ尾張徳川家が、名古屋城を居城としました。

愛知県の多くの人が、現実主義への傾倒のためか人生に不安を覚えています。仏教徒が非常に多いものの、大規模な伝統的祭礼はほとんどありません。戦時中には、熱田神宮は伊勢神宮に次いで、篤い信仰を集めました。正月には今も多くの参拝者が集まります。

1875年に愛知県のおはらえいきちが、横浜で南部メソジスト派の宣教師と知り合い、洗礼を受け、帰郷しました。翌年にはその宣教師がおはらの故郷を訪れて伝道所を作り、その結果、西尾教会ができました。名古屋では1877年にキリスト教の伝道が始まり、2年後に教会が組織されました。

23

愛知県の318の教会で 御ことばを聞いていても、主の御名を呼び求める最後の一歩を踏み出せないでいる人たちのために。そしてクリスチャンたちが家族をイエス様のもとに導くことができますように。 愛知県の伝道訓練養成プログラム: 名古屋市のキリスト聖書神学校、岡崎市のERM聖書学校 、名古屋市の名古屋福音聖書学校、名古屋市の東海聖書神学塾。

24

愛知県には、少なくとも6つの牧師会があります。その1つ、南名古屋早天牧師祈祷会は、毎月第2月曜日午前6時半に多い時で13人の牧師が集まり、日本、名古屋、及び自分たちの教会のために神様の祝福を祈っています。名古屋のキリスト教書店:オアシス名古屋書店、聖文舎 、ライフセンター豊橋書店のために。ラジオ番組:中部日本放送の「キリストへの時間」(日曜午前6:30)のために。

25

愛知県には多くのキリスト教学校があります。今日聖書を聞く、まだ信仰を持っていない1人1人のために、主を賛美しましょう。クリスチャンの教師や職員に、聖霊の特別な助けがありますように。名古屋市の金城学院(7,500人以上)、名古屋中学・高校(2,163人)、名古屋柳城短大(960人)、瀬戸市の名古屋学院大学(5,465人)のために。29のプロテスタント幼稚園と9の保育園があります。

26

キリスト教医療施設のために:愛知国際病院(52床)と、そのホスピス(20床)。このホスピスや日本中の同じような施設で、多くの人が救い主に導かれますように。アガペクリニックと、56人の子どものための溢愛館の働きも覚えてください。

27

教会が全くない常滑市(57,982人)と弥富市(42,524人)のために祈りましょう。1つの教会しかない5つの市、あま市(85,733人)、北名古屋市(86,216人)、清須市(67,149人)、岩倉市(47,600人)、高浜市(46,203人)のクリスチャンのために祈りましょう。聖書研究会や、隣人のための伝道に導かれますように。

28

愛知県には教会未設置の町村が8つあります。そのうち人口2万人以上で教会未設置の町は4つで、東浦町(49,730人)、大治町(32,607人)、大口町(24,233人)、美浜町(22,055人)です。また人口が急激に増加しているのに、教会設置が遅れている名古屋市近郊も覚えて祈りましょう。

＊参照:p164に祈りの追加情報があります。

日本では1925年に最初のラジオ放送が始まり、1951年に民間のラジオ局が日本で初めての民間放送を始め、1969年にはFMラジオが始まりました。最初の白黒テレビ放送は1953年に始まり、カラーテレビは1955年、UHF放送は1968年、衛星放送は1990年に始まりました。キリスト教の初めての番組は1951年の「ルーテル・アワー」、翌年には太平洋放送協会が「世の光」を放送し始めました。1960年には最初のキリスト教テレビ番組が13週間シリーズで放送されました。衛星放送での初めてのキリスト教番組は1998年の「岡山みのるの時間」で、翌年には大和カルバリーチャペルが礼拝メッセージの放送を始めました。

衛星放送・ケーブルラジオ・ケーブルテレビ・短波放送によって、キリスト教番組が視聴しやすくなりました。またインターネットも教会にとって役に立っています。

証し　ラジオによる伝道活動

「20代の時には、私はいつもケーブルラジオを聴いていました。ある日、偶然フレンドシップラジオでキリスト教の番組を耳にして、キリスト教に興味を持つようになりました。ラジオ局に手紙を書くと、自分の住んでいる市の教会を紹介してくれました。そして私は、その教会でキリストを私の救い主として受け入れたのです。」

ポータブル電子機器の可能性

ビジョン・シナジーのD. ハケット氏は、「韓国ではインターネット加入者のほとんどがブロードバンドを利用しています。一方、日本では携帯でインターネットにアクセスする人が多く、これは世界でも唯一の市場なのです。」と語りました。
伝道の観点からすると、日本では他のどの国よりも効果的にポータブル電子機器による伝道ができるということです。ただ現在このような試みは、まだ日本でほとんどなされていないようです。

29	ラジオとテレビの放送が日本中で、クリスチャンを強めますように、そして多くの人が地元の教会へ導かれますように。教会が地元の放送媒体によって、伝道活動を広げられますように。キリスト教の映画やビデオは、地元の教会だけでなく、一般の劇場でも見られています。
30	世界で最大のキリスト教ラジオ伝道をしている、キリスト教放送局日本FEBCのためにお祈りください。福音伝道とクリスチャンライフのために、多くの日本語番組が制作されて、海外のFEBC放送局から日本に放送されています。いくつかの番組は衛星放送を使っています。
7/1	「まことの救い」は1968年から福音を放送しています。現在では日本全国で10のラジオ局が10分のメッセージを放送しています。メッセージはホームページでも聞くことができます。 太平洋放送教会(PBA)では、ラジオとテレビで様々なキリスト教番組を制作し放送しています。ラジオ番組「世の光」は毎日百万人が聞いています。「ライフ・ライン」はテレビ番組の1つで、日本全国13局から放送されています。ラジオとテレビで蒔かれている福音の種に水を与えてくださるよう、神様にお祈りしましょう。
2	KTWRフレンドシップラジオのためにお祈りください。世界的キリスト教放送局トランス・ワールド・ラジオが、グアムからアジア各国と日本に向けて短波放送をしています。この番組は、視聴者から1ヶ月に500通を 超える手紙を受け取っています。

近畿地方

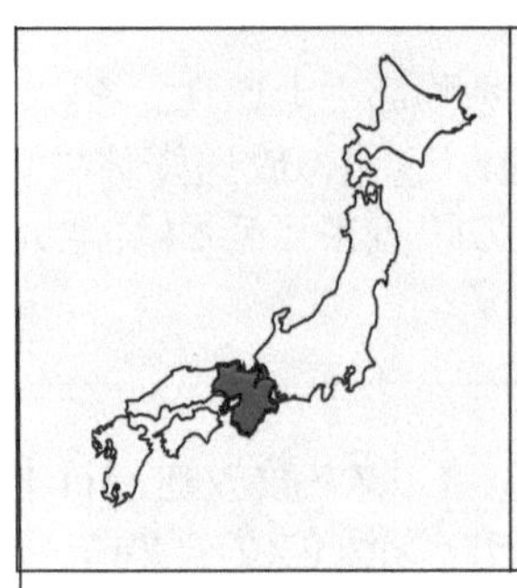

人口	22,112,893人	面積	33,125 km^2
市	125	密度	668 人/km^2
教会のない市	2	三重県のいなべ市 滋賀県の米原市	
		教会が1つしかない市	7
町/村	102	教会のない町/村	54
		人口2万以上で教会のない町/村	5
教会	1,571	1教会あたりの人口	1:14,076人
宣教師	265人	宣教師1人あたりの人口	1:83,445人

近畿地方は関東地方に次いで人口密度が高いですが、人口は京都・大阪・神戸周辺に集中していて、紀伊半島や中国山地では減少しています。

江戸時代初期に東京が日本の首都になるまで、近畿地方は千年以上も日本の文化の中心でした。京都には以前朝廷があり、大阪は貿易と商業の都市でした。

奈良県には保守的な人が多く、伝道にとっては難しい地域でした。しかし驚くことに、ここ10年で京都に次いで、奈良県で近畿地方の中で最も多くの教会が起こされました。これは奈良県が大阪へのアクセスがよく、外国人宣教師が必要を感じて奈良県に力を注いできたためです。

近畿福音放送伝道協力会（近放伝）は1972年に設立され、テレビとラジオ放送での伝道に成果をあげているだけでなく、福音教会の間で強い協力関係を築くためにも有効です。東海ラジオでは「世の光」(土曜午前5:40)を近畿地方で放送しています。

近畿地方の寺・神社

三重県：伊勢神宮(神社庁の本宗))
滋賀県：比叡山延暦寺（仏教天台宗の総本山）
京都府：神社・仏閣多数
大阪府：法善寺（仏教浄土宗）
兵庫県：中山寺（安産守護）
奈良県：法隆寺（世界最古の木造建築）
その他、神社・仏閣多数
和歌山県：高野山金剛峯寺（仏教真言宗の総本山）

3

この地方と日本中の牧師とその家族のために祈りましょう。家族もまた牧師と同じ位の祈りが必要です。

数年前に伝道の難しい天理市で教会が始まり、近畿地方で教会がない市は、三重県いなべ市と滋賀県米原市だけになりました。しかし人口70,000人の天理市が国内水準に達するには、あと2つの教会が必要です。人口20,000人以上で教会がない町村は5つあります。過去5年間で三重県菰野町は人口が3,000人増え、兵庫県夢前町は2,000人増えました。

4

1995年1月17日早朝、マグニチュード7.2の地震が、日本で6番目に大きい神戸市とその周辺を襲いました。5,000人以上の死者が出て、人口の1/5が一時的に住む家を失い、約100の教会が損害を受けました。またほとんどの教会ではその後何年にもわたって、教会員が転出したため苦境を強いられました。地域に留まった人たちは、経済的・霊的に苦しみました。この地震は世界中のクリスチャンが愛を行動に移す機会となりました。神様が苦境にある教会の必要を満たし、多くの人が福音に強固な礎を見出すことができますように。

10万人以上の学生が通う28のプロテスタント学校と、1,000人の学生がいる18の伝道養成プログラムのために祈りましょう。以前は32の養成プログラムがありましたが、その半数には学生がいませんでした。

＊参照：p164に祈りの追加情報

7月5日～9日　三重県

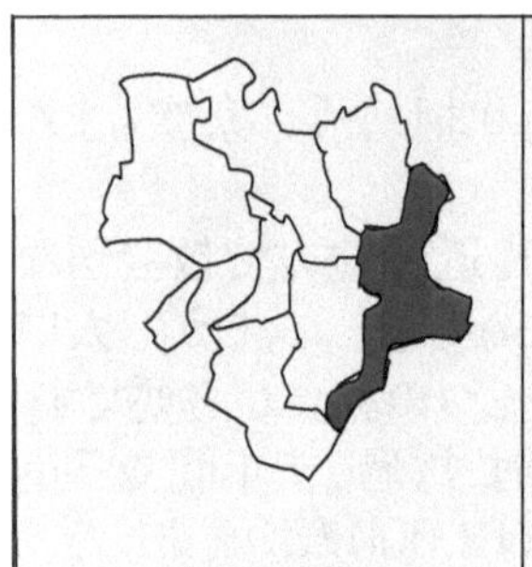

人口　1,745,392人　面積　5,774 km^2
県庁所在地　津市　密度　302人/km^2
市　14　教会のない市　いなべ市　44,528人
教会が1つしかない市　亀山市 49,749人 鳥羽市 17,525人
町/村　15　教会のない町/村　8
人口2万以上で教会のない町/村　1
教会　95　1教会あたりの人口　1:18,373人
宣教師　10人　宣教師1人あたりの人口　1:174,539人

三重県は縦に長い県で、西側に山地があり、唯一の平地は伊勢平野です。気候は大体において温暖で湿気が多いですが、紀伊半島の南部では降雨量が多いです。

四日市市と津市の重工業を除くと、三重県では農業と林業が中心です。良好な漁港に恵まれて漁業は堅調で、また真珠養殖は世界的に有名です。

伊勢神宮は昔から日本では最もよく知られた神社です。天皇の先祖が祀られていて、礼拝の中心となっています。三重県と滋賀県は、西日本で最も神道信者の多い県です。

1878年に会衆派の教会が大阪で、最初の家庭伝道教会を始めました。2年後には三重県に一般人の伝道者を送り、一志郡、松阪市、津市などで福音を説きました。

中村雄次郎は留学先のフランスで信仰を得た後、三重県に帰り、50人を信仰に導き洗礼を受けさせて、1888年に最初の会衆派教会ができました。後に中村は宮内大臣を務めました。

＊参照:p164に祈りの追加情報

5	県内の95教会の牧師と指導者が、教会をよく導くように祈りましょう。2010年に洗礼を受けたのは、三重県全体で46人だけでした。 特に伊勢市にある4つの教会のためにお祈りください。伊勢市には123,434人が住んでいて、伊勢神宮があります。伊勢神宮は、日本全国すべての神社の上に立つ神社です。
6	礼拝メッセージを動画共有サービスで配信している教会がいくつかあります。ミリオンチャーチ(みえ洗足キリスト教会)はそのうちの1つです。
7	伊賀市の愛農学園農業高等学校(60人)と、菰野町の聖十字看護専門学校(133人)のために。看護師になる準備をしている133人の学生に、神様の祝福があるように祈りましょう。これらの学生がキリスト教の病院や、一般の病院・医療施設で働きながら、イエス様に従うものとなりますように。 プロテスタントの5つの幼稚園と2つの保育園のために。
8	高齢者のためのキリスト教医療施設:菰野町に90床と100床の2つの施設を持つ菰野聖十字の家、大台町に150床を持つキングス ガーデン三重のために祈りましょう。
9	人口44,528人のいなべ市は、教会がない3つの町の合併によりできました。 教会が1つしかない亀山市と鳥羽市のためにも祈りましょう。桑名市や津市等人口が急増している地域にもっと多くの教会が建てられますように。 明和町(22,259人)には教会がありません。 三重県では、市町村合併前に43の町や村に教会がありませんでした。合併によって教会のある自治体の一部になった、それらの町と村のためにお祈りください。

教会のない市

現在、日本には東京都の23区を除いて、792の市があります。ほとんどには教会がありますが、21には教会がありません。全国的に人口が減少する中、多くの地域でも人口が減少しています。なおこのリストの約半数は、無教会だった小さい町村が合併してできました。

北海道:

赤平市(9,181人)人口は減少していますが、過去において日本の経済に大きな貢献をした炭鉱に市民は誇りを持っています。

歌志内市(2,847人) 日本で最も人口が少ない市です。以前は炭鉱の町として栄えましたが、炭鉱の閉鎖に伴って人口が急激に減少しました。

岩手県:

八幡平市(23,241人)農業・林業・観光業が主な産業です。西根では、外部の牧師によって定期的に集会が開かれています。

秋田県

潟上市(31,348人)2005年に無教会だった3つの市が合併してできました。

鹿角市 (28,034人)秋田県の北東部の山間の谷間に位置しています。鹿角市では、小達市の日本人牧師によって、教会開拓が進められています。

山形県:

尾花沢市(14,202人)農業が主要産業で、人口の60%が農業に従事しています。2022年に、新しい教会の開拓伝道の働きが始まりました。

茨城県:

かすみがうら市(39,396人)東京都の北東約 60km、霞ヶ浦に面した半島に位置しています。

新潟県:

阿賀野市(39,856人)ほぼ1/3は山や森林に覆われていて、1/3強は農地です。

岐阜県:

美濃市(18,596人)岐阜県の西中央にあり、長良川と虎杖川が流れています。

愛知県：

弥富市（42,524人）愛知県の西部、海沿いの平地にあります。

常滑市（57,982人）愛知県南部にある知多半島の西側で、伊勢湾に面しています。

三重県：

いなべ市（44,528人）紀伊半島から離れた、県の北東部にあります。

滋賀県：

米原市（37,127人）滋賀県の面積の約5.1%を占めます。2005年に3つの町が合併してできました。

徳島県：

阿波市（33,661人）徳島県の北部県境にあります。市内の十楽寺には、第13期海軍飛行予備学生と第二次世界大戦の犠牲者を慰霊する、大きな十三不動明王像があります。

福岡県：

中間市（39,345人）北九州市の東側に位置していて、日本国内で最も大きな教会のない市 です。

嘉麻市（34,266人）2006年に山田市と2つの町が合併してできました。

うきは市 （27,365人）2003年に無教会の4つの町が合併してできました。

佐賀県：

神埼市（31,981人）市の北部は、背振山地の中にあります。2005年に2つ町と1つの村の合併によってできました。

長崎県：

雲仙市（40,297人）島原半島の北の先端にあります。2005年に7つの村が合併してできました。

熊本県：

上天草市（23,606人）2004年に3つの町が合併してできました。

鹿児島県：

曽於市(32,053人)2005年に3つの町が合併してできました。

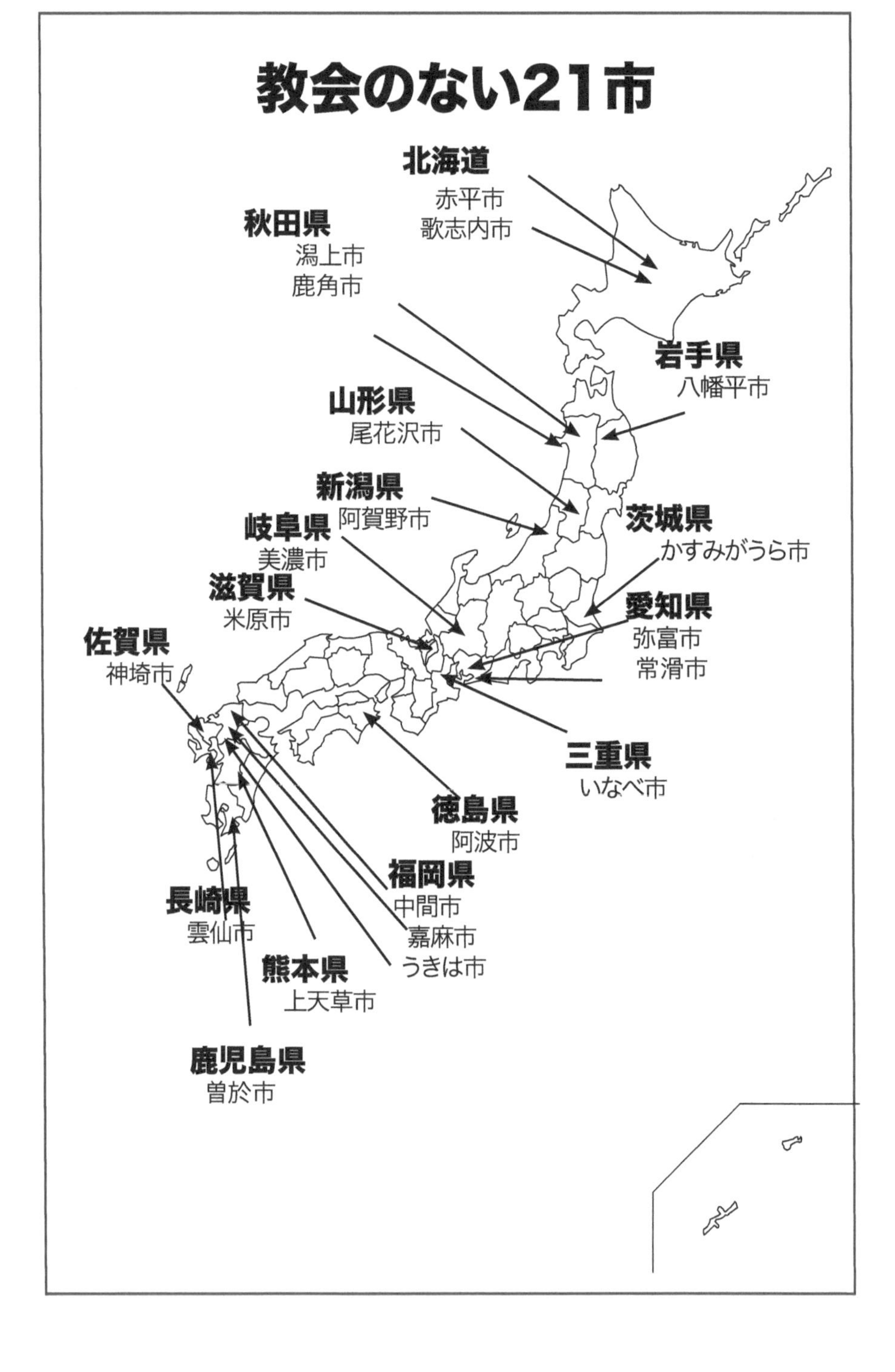

教会のない21市
北海道
赤平市
歌志内市
秋田県
潟上市
鹿角市
岩手県
八幡平市
山形県
尾花沢市
新潟県
阿賀野市
岐阜県
美濃市
茨城県
かすみがうら市
滋賀県
米原市
愛知県
弥富市
常滑市
佐賀県
神埼市
三重県
いなべ市
徳島県
阿波市
福岡県
中間市
嘉麻市
うきは市
長崎県
雲仙市
熊本県
上天草市
鹿児島県
曽於市

教会がない町のために祈りましょう。

日本は、世界中で最もキリスト教の福音が届いていない地域の1つに数えられます。

教会がない1,800(注：市町村合併前の地域数、以下同じ)の地域全てが地方の農村部にあり、そのような所には宣教師もほとんどいません。農村部での教会開拓者がいないことと、いまだに1,800もの地域に1つも教会がないことを考え合わせると、日本の無教会地域に福音を届けるためには、祈りと人的・物質的資源が必要です。アドプト800は、世界中のクリスチャンの祈りと行動を結集し、1800ある無教会地域の内、人口7,000人以上の800の地域に、教会を設立し、見守ろうという活動です。

アドプト800

日本地方宣教ネットワーク(RJCPN)と、リーチング・ジャパニーズ・フォア・クライスト(RJC)の支援による共同プロジェクトです。

アドプト800には、4種類のアドプト(里親になる)の方法があります。

1. サポーター　アドプト800と日本地方宣教のために祈り、地方における教会開拓宣教師を支援する情報を受け取る。
2. スカウト　まだ伝道対象になっていない地域のために、祈り、調査し、定期的に短期宣教チームと共に地域を歩いて回り、トラクトの配布、イベントの開催を行う。
3. パートナー　無教会地域において開拓中の教会での、長期教会開拓者(短期開拓チーム・協力者・長期インターンの支援を担当)のアシスタント。
4. パイオニア　責任者として教会開拓に携わり、無教会地域に教会を設立する。

※アドプト800に参加を希望する方は、ご連絡ください。dawndb1@hotmail.com

大規模な無教会地域

県	町	人口(人)	人口密度(人/㎢)
愛知県	東浦町	49,730	1,597
茨城県	阿見町	49,224	689
熊本県	菊陽町	44,193	1,175

7月12日〜16日　滋賀県

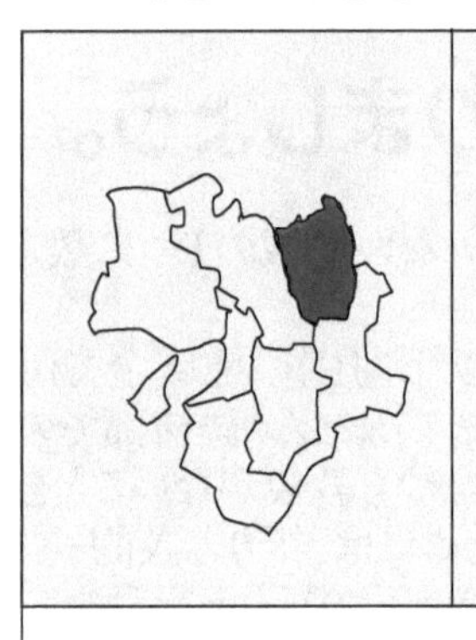

人口	1,407,375人	面積	4,017 km²
県庁所在地	大津市	密度	350人/km²
市	13	教会のない市	米原市 37,127人
		教会が1つしかない市　栗東市	69,525人
町/村	6	教会のない町/村	6
		人口2万以上で教会のない町/村	2
	日野町　21,677人	愛荘町	20,893人
教会	79	1教会あたりの人口	1:17,815人
宣教師	14人	宣教師1人あたりの人口	1:100,527人

滋賀県には日本最大の湖、琵琶湖があって、実に県の面積の1/6を占めています。北部では冬に非常に多い雪が降りますが、南部は気候が温暖で雨も多くありません。

以前は日本の都であった京都の近くにありながら、驚くことに滋賀県では他のどの県とくらべても、昔からの伝統や慣習には重きを置いていません。滋賀県の仏教徒は全国で３番目に多く、仏教の主流派の1つである天台宗総本山の比叡山延暦寺など、多くの神社仏閣があります。

1868年に滋賀県出身の中島宗達が、J.C.ヘボンのもとで医学を学ぶために横浜へ行きました。中島は横浜で信仰を得て故郷へ戻り、何人かの協力者と共に聖書研究会を始めました。その結果12人が受洗し、1879年に教会ができました。

1905年にはウィリアム・ヴォーリズが近江ミッション・近江慈善協会・YMCA・病院(近江療育園、現ヴォーリズ記念病院)を設立しました。また近江兄弟社を設立して、伝道活動を援助しました。

戦後になって国際WECは11の教会と宣教拠点を設立することができました。

12

滋賀県にはキリスト教書店が1つもありません。びわ湖放送で放映されているキリスト教のテレビ番組「ライフ・ライン」(土曜午前8:00)のためにお祈りください。
アシュラムセンターや滋賀県超教派牧師会等が、互いに良い協力と交わりを持てるように祈りましょう。

13

キリスト教キャンプ施設のために:湖西祈りの家(日本イエス・キリスト教団、新旭町)、60人収容の奥びわ湖バイブルキャンプ場(日本ホーリネス教団、西浅井町) 、近江八幡市にある新生キャンプ場(国際WEC)、その他。

14

近江兄弟社が創立した、近江八幡市の近江兄弟社中学・高等学校(2,501人)に神様の祝福がありますように。教会付属の7つの幼稚園と4つの保育園にいる1,231人の子どもたちのために。

15

キリスト教医療施設:ヴォーリズ記念病院(168床)、近江愛隣園今津病院(80床)。どうかこれらの病院で、福音を広めることができますように。
キリスト教福祉施設:東近江市の重度知的障がい者のための止揚学園(38人)、身体障がい者支援施設清湖園(50人)、特別養護老人ホーム清風荘(90人)のために。

16

栗東市(69,525人)には、1つしか教会がありません。未設置町村が6町ありますが、そのうち人口20,000人以上の町が2つあります。どうぞお祈りください。
滋賀県では、市町村合併前に25の町や村に教会がありませんでした。合併によって教会のある自治体の一部になった、それらの町と村のためにお祈りください。

7月17日～22日　京都府

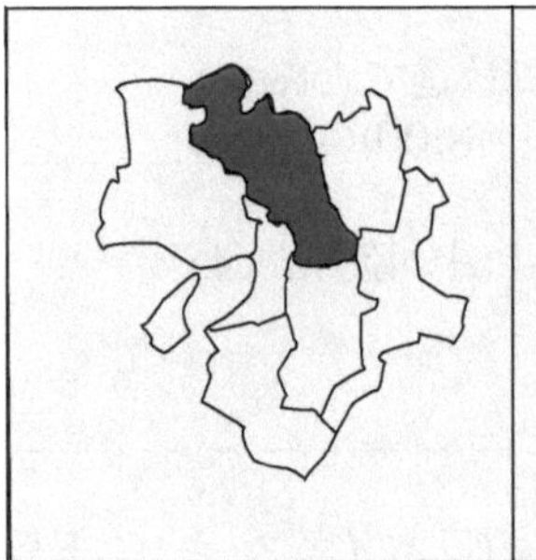

人口	2,551,587人	面積	4,612 km²
府庁所在地	京都市	密度	553人/km²
市	15		
町/村	11	教会のない町/村	7
教会	215	1教会あたりの人口	1:11,868人
宣教師	50人	宣教師1人あたりの人口	1:51,032人

京都府全体が複雑な地形で、その中に京都盆地などの小さい盆地が数多くあります。京都盆地とその南側では、夏と冬で大きな気温の変動があります。

京都府は長い間日本の首都だった歴史があり、毎年何百万人もの旅行者が訪れています。京都には多くの寺社があります。仏教の宗派のうち、2つ以上の県にまたがる活動をしている40近くの団体が京都に本部を置いています。しかし驚くことに、仏教徒の割合は、富山県と石川県のほぼ半分に過ぎません。

1500年代後半に、京都とその周辺の地域にカトリックが広まりました。そしてピーク時には教会は九州でよりも力を持っていました。

1875年に新島襄は、会衆派教会の協力を得て京都に同志社英学校を作りました。その当時、明治政府は西洋の学問を近代化の一手段として推奨していました。仏教界の反対が強まる中、新島とJ.デイビス宣教師の建設的な影響が多くの学生を惹きつけて、1876年に京都に3つの教会が設立されました。

大戦前の時期に、京都の教会は国内のクリスチャンの活動に重要な貢献をしました。戦後も貢献は続き、日本福音同盟が共催した日本福音会議の最初の2回と第6回が京都府で開催されました。

17　215教会それぞれが、迷っている人たちへの神様の愛で満ちあふれますように。これらの教会の指導者たち一人ひとりが勇気づけられるように、聖霊様にお願いしましょう。平均の教会員数は多いのですが、平均出席人数はわずか36.1人しかいません。

18	KBS京都が放送するラジオ番組「不思議なカウンセラー」(火曜午前5:00) とカトリックの「心のともしび」(月～金曜午前5:55/土曜5:15)のために祈りましょう。KBS京都では、テレビ番組「ライフ・ライン」(土曜午前6:00)も放送しています。 以下の伝道活動のために：日本クリスチャンアカデミー関西セミナーハウス、京都YMCAリトリートセンター、CLCからしだね書店、京都ヨルダン社、京都福音の家 。
19	同志社大学は4万人以上の学生が学ぶ、国内外で優秀な評判のある大学です。1800年代後半に、同志社大学の卒業生は日本中に広がり、多くの県で最初の教会を設立しました。現在ここに通う学生たちは、キリスト教の大学だということを知っていますが、福音に関心を持つ学生はほとんどいません。神様が大学内で力強い働きをして下さり、多くの新しい伝道者、牧師や宣教師を起こして下さいますように。
20	キリスト教主義の医療機関のために祈りましょう：日本バプテスト病院及び86床の老人保健施設。バプテスト眼科クリニック（9床）は、比較的新しく、1999年に始まった3階建ての病院です。
21	70人の子どものための児童養護施設舞鶴双葉寮、知的障がい者施設の白川学園、ひなどり学園、宇治市の同胞の家（150人）のために祈りましょう。京都保育福祉専門学院では、360人の学生を教師に育てています。また京都市にある京都医療福祉専門学校では180人の未来の幼稚園・保育園の教師を育成していて、福祉の学科もあります。
22	京都では非常に多くの寺社にとらわれてしまいがちです。お寺は1,600、神社は400あります。数知れない偶像と底知れない霊的な闇が、素晴らしい建築物を覆っているのです。神様の光が、この地域に根付いている広大な闇を取り除き、破壊してくださいますように。 ＊参照：p164に祈りの追加情報

西洋式結婚式

「今日の日本で最も効果的に大勢へ伝道する方法は結婚式伝道である」、と考える宣教師がいます。3,000を超える結婚式場などで行われる、年間750,000組の結婚式の内、約75%の562,500組がキリスト教式、あるいは西洋式の結婚式を行います。参列者が平均50人なので、1年では2,813万人が神様のみことばと接することになります。式ではキリスト教の讃美歌を2曲歌い、お祈りと聖書のみことばを聞くのです。

結婚式伝道の結果、多くの人が福音に関心を持って地元の教会に通うようにお祈りください。愛しておられる神様について知ることができますように。

葬儀

Mさんは宗教にはほとんど関心がありませんでした。彼のクリスチャンだった娘が突然亡くなった時に、家族は教会に助けを求めました。教会はキリスト教式の葬儀の手配を全て行い、家族で初めてのキリスト教式の葬儀を行いました。Mさんは行われた葬儀が希望に満ちていて、典型的な仏教式の葬儀とあまりに違うのに深く感銘を受けて、「私も自分の葬式はキリスト教で行いたい。」と言いました。その後彼は定期的に教会へ通い始め、娘の信仰について知ろうと努めました。

多くの日本人にとってキリスト教式の葬儀は、福音に接し、教会に入る初めての機会です。参列者は、希望を持って歌を歌うキリスト教の葬儀が、仏教の葬儀の暗い雰囲気と全く対照的なことにすぐに気づきます。キリスト教の葬儀が、家族や友人が救い主に心を開く手段となるようにお祈りください。

福岡県の『おとむらい牧師隊』は、代表を務める石村修善牧師と地元の25人の牧師で結成されました。未信者の家族が葬儀を執り行う時に奉仕をしています。福音に扉を開く奉仕です。このNPOが日本の他の地域にも広がるようお祈りください。

証し　罪からの解放

「私は1年前に研究者の主人と、日本からアメリカに来ました。私は語学学校で日本語を教えています。私の家族にはクリスチャンはいません。子どもの時、私は罪の意識から逃れるために何度か祈りました。しかし誰に向かって祈っているのか確かではありませんでした。

去年の1月28日に、ここでクリスチャンの人と友達になりました。その時に初めて神様について話す機会を得ました。私が自分の罪の意識について話すと、その人は私のことを裁くことはしないで、涙を流し始めました。それを見て私はとても驚きました。私は誰に祈るべきなのかを知り、その夜から神様を信じるようになりました。

教会の人たちが私に聖書について教えてくれました。キリストが私の罪を取り除くために罪を負ったことを知った時に、自分がいかに恩恵を受けていたかに気づきました。私はイエス様のために何もしていないのに、イエス様は私の罪をご自分の意思で取り除き、私の良心に平安を授けてくださったのです。

キリストは私に喜びもくださいます。主人と私がボストンに来た時に、アパートを探さなければいけませんでした。数ヶ月の間狭苦しいホテル住まいをしましたが、どれくらいそこにいなければいけないのかわかりませんでした。しかし私は心配しませんでした。神様は正しい時に私たちの必要を満たしてくださると信じていたからです。その後私たちは良いアパートを見つけ、それだけでなく私は日本語のインストラクターの仕事も得ることができました。」

7月23日～28日　大阪府

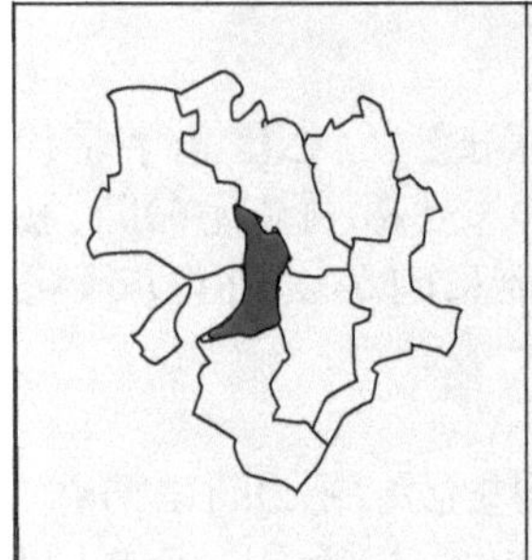

人口	8,784,113人	面積	1,905 km^2
府庁所在地	大阪市	密度	4,611人/km^2
市	33		
町/村	10	教会のない町/村	3
教会	565	1教会あたりの人口	1:15,547人
宣教師	75人	宣教師1人あたりの人口	1:117,122人

大阪府は近畿地方の中心を占めています。三方を山に囲まれて、西側は大阪湾に面しています。京都府と兵庫県が、丹波地方で大阪府の北部と接しています。生駒山地と金剛山地で、奈良県に接しています。南側には和歌山県と和泉山地があります。そして大阪府の中部と南部には、近畿地方最大の平野である大阪平野が広がっています。

気候はとても温暖で、主に瀬戸内海の影響で雨が少なく、気温の変化はあまりありません。

中世以来、大阪では商業が盛んです。農業に従事している人は、全国で2番目に少ない割合です。大阪と東京は文化の面で対照的です。東京は武士の文化を土台としていますが、大阪は商人気質を持っています。そしてその気質によって、利益を重視した現実主義的な生き方を形作っています。

仏教徒の割合は、京都府と兵庫県より高いです。その一方、霊的な支えとして宗教に頼る人は 全国で2番目に少ない数です。

1869年に米国聖公会のC.M.ウィリアムズが長崎から大阪に移り、外国人向けに英語で礼拝を始めました。翌年には、自分の英語学校の生徒と日本語で礼拝をするようになりました。1872年には、会衆派教会のO.H.ギューリックその他が大阪に来て、翌年に日曜礼拝を始めました。その結果1874年には、5人の日本人と他の教会からの2人が洗礼を受けて、大阪で初めての教会が設立されました。

23	大阪府で礼拝に出席している23,115人の人たちが、神様の御ことばの真実に大胆に従うことができますように。そして御ことばが、礼拝に出席していない多くの教会員たちをも再び信仰によって活性化しますように。 キリスト教放送番組：サンテレビから 放映される「ライフ・ライン」(日曜午前7:00)や、毎日放送、朝日放送、ラジオ関西から配信されるラジオ番組のために。大阪には、少なくとも8校の神学校があり、250人以上の学生が学んでいます。
24	キリスト教修養センター：ホテル・ザ・ルーテル、大阪YMCA国際文化センター。キリスト教書店：オアシス梅田店、大阪キリスト教書店、その他。
25	2万人を超える学生が8校のキリスト教の学校に通学しています。学生の99%がクリスチャンではありません。さまざまな技術を教える8つの専門学校には、2,000人近くの学生がいます。教会付属の幼稚園29と保育園40があって、8,000人以上の子どもが通っています。
26	大阪府のキリスト教の医療施設には約1,500床あります。医療手当を受けるほとんどの患者はクリスチャンではないので、クリスチャンの職員がイエス様を上手に証しできるように祈りましょう。その働きによって多くの人が、偉大なる医者(キリスト)の助けを見つけられるように祈りましょう。
27	大阪府にはキリスト教の福祉施設が数多くあります。救世軍は60室を有し、母子のための働きを、大阪水上隣保館は200人近い子どもと高齢者のための働きを、釜ヶ崎キリスト教協友会は恵まれない人々のための働きをしています。キリスト教の高齢者施設が少なくとも9つあります。
28	大阪府には教会のない町や村が3つあります。旧美原町は人口4万人近くでしたが、教会がないのでとても必要としています。2005年に堺市と合併し堺市の三原区になったために教会がないことがわかりにくくなっています。 ＊参照：p165に祈りの追加情報

7月29日～8月3日　兵庫県

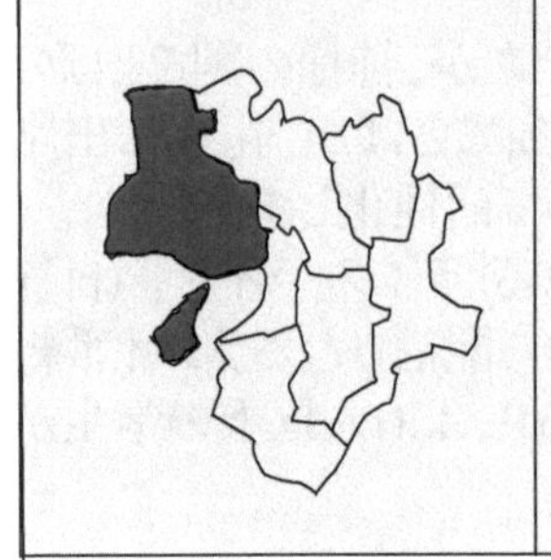

人口	5,409,642人	面積	8,401 km²
県庁所在地	神戸市	密度	644人/km²
市	29	教会が1つしかない市　加東市	40,042人
町/村	12	教会のない町/村	4
		人口2万以上で教会のない町/村　太子町	33,208人
教会	459	1教会あたりの人口	1:11,786人
宣教師	90人	宣教師1人あたりの人口	1:60,107人

兵庫県は近畿地方の北東部を占めていて、日本海と瀬戸内海の両方に面しています。明石海峡をはさんだ所にある淡路島は兵庫県の一部です。中国山地は丹波高原へと続き、県を北部と南部に分ける分水嶺となっています。日本海に面する県の北半分には平地がありませんが、南半分には播磨平野があります。南東地域は複雑な岩層になっていて、1995年の阪神淡路大震災の原因になりました。

気温はかなり温暖ですが、北部は豪雨や激しい冬の雪に見舞われることがあります。

神戸市の人口が多いので、農業総生産額と農業従事者は、3%でしかありません。兵庫県では鉄鋼業と造船業が盛んです。

神戸港は横浜港と並んで、国際港としての長い歴史を持っています。そのため文化に多くの外国からの影響が見られますが、兵庫県の郊外では昔からの伝統と民間伝承によるつながりを持った地域が多くあります。

キリスト教禁教令が廃止されると、多くの宣教師が兵庫県に来て、教会やキリスト教学校を設立しました。1870年にアメリカ会衆派教会のD.C.グリーンが神戸の外国人居留地で伝道を始めました。彼の通訳を務めていた市川栄之助は捕えられて獄中で亡くなりました。1873年にキリスト教禁止令が解かれ、宣教拠点が作られました。翌年には宣教拠点が教会となり、市川の妻を含む11人が洗礼を受けました。

＊参照：p165に祈りの追加情報

29	兵庫県と神戸市は、教会に対する人口の割合が全国の中でもとても高い地域です。教会の多くは1995年の地震によって損壊しました。兵庫県にある教会が、これからも希望と助けをもたらすことができるようお祈りください。
30	キリスト教の修養施設とキャンプ施設のために。能勢川バイブルキャンプ、六甲山YMCA、関西学院千苅セミナーハウス、神戸YMCA三宮会館 。 これらのキャンプ場や、日本中のキャンプ場の催しに参加した多くの若い人々の救いのために。
31	兵庫県では少なくとも9つの学校に40,000人が在学していて、東京都に次いでキリスト教学校に通う学生が多い県です。これらの学校に通う学生の多くが、救いをもたらすキリストの知識のもとに来ることができますように。SYME Japan(スクール・オブ・ユース・ ミニストリーズ・イン・イングリッシュ: 英語による青年伝道学校) のために。
8/1	重大な問題と闘っている多くの人たちのことを覚えましょう。 キリスト教医療施設 :パルモア病院(70床)、神戸アドベンチスト病院(116床)、アガペ甲山病院(202床)、神戸海星病院(214床)、その他のために。
2	キリスト教福祉施設:イエス団 、神戸聖隷福祉事業団、その他。キリスト教書店:カベナンター書店、神戸キリスト教書店、西宮聖文舎のために。
3	教会が1つしかない加東市(40,042人)、そして教会がない太子町のためにお祈りください。夢前町は姫路市と合併しましたが、教会がない大きな町です。 兵庫県では、市町村合併前に39の町や村に教会がありませんでした。合併によって教会のある自治体の一部になった、それらの町や村のためにお祈りください。合併によってわかりにくくなっていますが、依然として教会がない地域も多いのです。

8月4日〜9日　奈良県

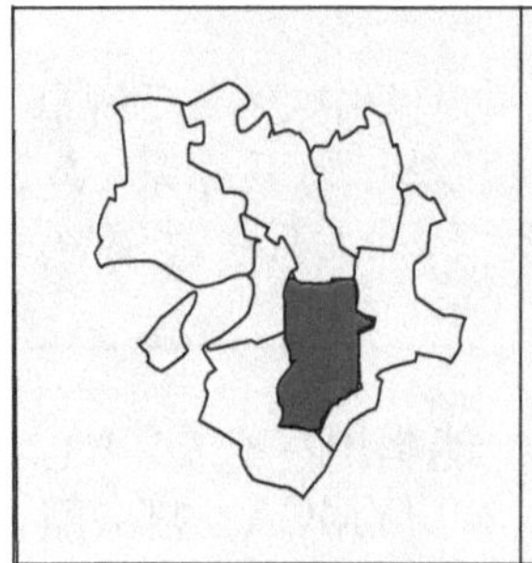

人口	1,308,837人	面積	3,691 km²
県庁所在地	奈良市	密度	355人/km²
市	12	教会が1つしかない市	3
天理市 62,270人 葛城市 37,041人 宇陀市 27,144人			
町/村	27	教会のない町/村	18
教会	87	1教会あたりの人口	1:15,044人
宣教師	24人	宣教師1人あたりの人口	1:54,535人

北部にある奈良盆地は奈良県で唯一の平地で、大部分の人が住み、多くの産業もそこにあります。大台ヶ原山では、日本で最も多い3,500ミリ以上という年間降水量を記録します。奈良県では森林が県全体の80%を占めていて、人が居住できる可住地の面積が全国1少ない県です。

奈良には飛鳥と平城京の時代、2度日本の首都が置かれました。高度に発達した文化は県にとって誇りでもあります。奈良県には多くの歴史的寺社があって、その祭礼の起源は古代にまで遡ります。

意識調査によると、宗教に関してはあまり興味を持っていませんが、死後の世界を信じるという人の割合は、全国で2番目に多く見られます。

後に日本女子大学を創立した成瀬仁蔵牧師は、1880年に奈良に来て、1884年に最初の教会を設立しました。県内では会衆派教会と監督派教会も早期に福音活動を始めました。

明治時代以降、日本人クリスチャンと外国人宣教師は困難と障害があったにも関わらず、精力的に宣教を推進し、教会を設立しました。郊外にある大阪のベッドタウン生駒市に多くの新しい教会が建てられました。

*参照:p165に祈りの追加情報

4	厳しい伝統的な環境の中で労している、小さな教会のために祈りましょう。主の働き手たちが、急速に発展している地域で、新しい教会を始めることができるように神様にお願いしましょう。
5	奈良県にはキリスト教書店がありません。奈良テレビ放送で放送している「ライフ・ライン」(日曜午前7:00)のために祈りましょう。今年の夏、海外を旅行する奈良県や日本の他の地域の学生たちのために祈りましょう。彼らがクリスチャンのホストファミリーと交流し、キリスト教に関心を持ちますように。
6	1961年の創立以来、関西聖書学院からは400人の学生が卒業し、その内200人は今でも伝道活動を続けています。生駒聖書学院では22人の学生が学んでいます。
7	カトリックの老人ホームが1つあるだけで、キリスト教の医療・福祉施設はありません。関西クリスチャンスクールで学んでいる宣教師の子どもたちのために。この働きのおかげで、宣教師の家族たちは関西地方で伝道の働きをすることができ、子どもたちを学校へ通学させることもできるのです。
8	人口減少傾向にあるほとんどの東部及び南部の町村には教会がありません。この地方にビジョンを持って教会開拓をする人々を、神様が起こして下さるように祈りましょう。
9	教会が1つしかない3つの市のためにお祈りください。天理市は人口62,270人、葛城市は37,041人、宇陀市は27,144人に対して、教会はそれぞれ1つずつしかありません。 奈良県では、市町村合併前に23の町や村に教会がありませんでした。合併によって教会のある自治体の一部になった、それらの町と村のためにお祈りください。

和歌山県

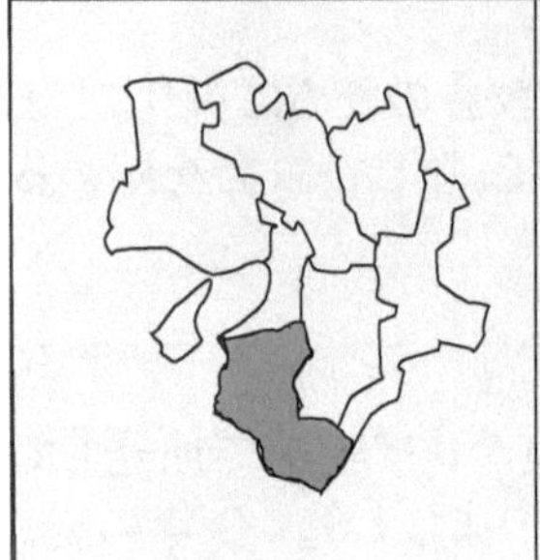

人口	905,947人	面積	4,725 km²
県庁所在地	和歌山市	密度	192人/km²
市	9		
町/村	21	教会のない町/村	8
教会	71	1教会あたりの人口	1:12,760人
宣教師	2人	宣教師1人あたりの人口	1:452,974人

和歌山県は紀伊半島の南西の地域を占めています。北には大阪府、東には奈良県と三重県があり、それ以外は太平洋に面しています。土地の低い紀ノ川あたりを例外として、和歌山県には平野はほとんどありません。大阪府との境である和泉山脈とそれに並行する紀ノ川の谷は、四国の吉野川に続く中央構造線の一部で、ここから南に何本もの帯状の谷が東西方向に走っています。

気候は大体温暖ですが雨が多いです。紀ノ川付近の気候は、瀬戸内海の気候と似ています。

和歌山県では森林が約80%を占めていて、平地があまりありません。また和歌山県は、近畿地方で最も保守的であるということで知られています。宮座と呼ばれる昔からの地域組織があり、宮座によって家族が地元の神社に密接に結びついています。

県の北部にある高野山は、弘法大師が開いた真言宗の聖地として知られています。和歌山県南部の人たちは比較的開かれた考え方を持っていますが、キリスト教に関してはそうとは言えません。

1881年の春に、カンバーランド長老派の宣教師A.D.ヘイルとおばたこまぞうが、大阪から和歌山へ伝道旅行に行きました。11月にはヘイルの弟が合流して、宿泊していた宿で初めての伝道集会が行われました。それに続く2年間で、ヘイル兄弟は7つの教会の設立を支援しました。その後は日本伝道隊(JEB)が働きを継続しました。戦後日本バプテスト教会連合が、沿岸部に教会を開拓しました。

10	人口が減少するにつれて(2006年1,073,434人/ 2022年905,947人)教会の数も減少しました。71教会が新しい教会を始めるための新しいビジョンを与えられるように祈りましょう。和歌山県や日本全国の教会が、愛と福音を持って地域に創造的な伝道ができますように。
11	求道者たちが今週、県内で唯一のテレビ番組、「ゴスペルアワー」を見ますように。高野山を中心とした仏教の影響がこれらの求道者たちに、否定的な影響を与えないように祈りましょう。 この県にはキリスト教キャンプ場と修養施設が1つずつあります。田辺市にある木守の園シオンは、奈良羊の家教会が主催していて、サマー・キャンプ、学習会、祈祷修養会などに利用されています。
12	和歌山県のキリスト教の学校としては、カトリックの信愛大学が1つしかありません。一般の学校で働くクリスチャン教師を祈りに覚えてください。 教会付属の11幼稚園と3保育園があり、942人の子どもたちが通園しています。
13	上富田町にある愛の園診療所は社会福祉法人神愛会の働きです。 和歌山市にある愛徳医療福祉センターは1962年に設立されました。60人の肢体不自由児と重症心身障がい児のための施設です。 またさらに多くのキリスト教福祉施設が作られるようにお祈りください。
14	福音が、現在全く教会のない高野山や他の山間部の町村に届きますように。 1989年に始まった和歌山第一教会には、60人の教会員がいます。礼拝は日本語と韓国語で行われていますが、フィリピンや他の国から来てこの礼拝で初めてイエス様について聞く人たちが、イエス様のもとに導かれるように祈りましょう 。 和歌山県では、市町村合併前に23の町や村に教会がありませんでした。合併によって教会のある自治体の一部になった、それらの町と村のためにお祈りください。

第二次世界大戦の終戦

この日は「戦没者を追悼し平和を祈念する日」で、日本の敗戦と、それに伴う朝鮮の解放を記念する日でもあります。1945年8月15日に、日本はポツダム宣言を受諾して無条件降伏をし、第二次世界大戦の太平洋における戦争が終結しました。

日本の植民地支配が終わった朝鮮は、その後北の朝鮮民主主義人民共和国と、南の大韓民国に分かれました。日本国内の韓国人と北朝鮮人は在留外国人で3番目に多く、約416,000人が登録していて在留外国人の14.7%を占めています。日本にいる655人の韓国人宣教師のためにお祈りください。

日本では600〜700人(2012年韓国クリスチャン新聞による)の韓国人宣教師が、宣教活動をしています。これは宣教団体・教派・教会が派遣している公式の宣教師数ですが、非公式に働いている人を含めると800〜900人になるでしょう。そのほとんどは、日本の教会や韓国人教会の宣教師や牧師として仕えています。

多くの韓国の教会が、日本や日本人の救いのために多くの働きをしています。こうした日本への関心から、たくさんの大切な働きが日本で生まれました。ヨイド純福音教会はテレビ伝道や教会開拓の努力によって、よく知られるようになりました。またオンヌリ教会は「愛のソナタ」という大きなコンサートを日本の多くの都市で開催しました。さらに、多くの牧師や指導者たちが来日して、教会成長・教会開拓・リバイバル、その他に関する会議を提供してきました。

日本の韓国教会

韓国は日本に一番近い国です。しかし歴史的に見ると、両国間の関係は常に友好的とは言えませんでした。日本は20世紀の前半に韓国を含む朝鮮を非常に厳しく植民地として支配していたのです。

1882年にリー・スーチョンが来日し、ある日本人農業学者の影響で信者となり、1883年4月に洗礼を受けました。彼の韓国人学生への熱心な証しによって、1886年5月に日本で初めての韓国教会が設立されました。しかしリーが帰国すると、教会は続きませんでした。1908年に長老派教会の長老であったチョン・イクロとYMCA理事のキム・チョンシクの指導のもとに、1908年に東京で初めての韓国教会ができました。

プロテスタントの宣教師が韓国へ行って12年後の1896年に、初めての日本人海外宣教師として乗松雅休が韓国へ行きました。乗松は非常な困難を乗り越えて、教会開拓者と指導者として尊敬されるようになりました。

韓国の教会は祈りに重きを置く教会で、神様から日本への伝道という使命を与えられました。5年前には452人の宣教師がいて、350の韓国教会がありましたが、現在では655人の宣教師と401の教会になりました。宣教師の中には日本にある韓国教会で牧会をしている人もいて、多くの教会では日本人へも積極的に伝道しています。また日本文化の中で、直接日本人教会の設立のために働いている人もいます。

このような働きの増加は、2002年に日韓共催で行われたサッカー・ワールドカップの影響もあります。またワールドカップの直後には韓国のテレビ番組「冬のソナタ」が日本で評判となり、神と人、韓国と日本の和解を説きやすくなったということもありました。これらの教会や宣教師の熱心さが、日本で力強く用いられようにお祈りください。

16

さまざまな教派の指導者と、相互の協力のために祈りましょう。指導者が霊的に成熟して、競争意識から伝道することがありませんように。日本の多くの教派が、この国にとって大きな祝福となりますように。

17

様々な超教会派団体の指導者たちのために祈りましょう。限られた財政状況の中で、神様のご意志を成し遂げるために奮闘している団体を、特に祈りに覚えてください。神様がこれらの団体のために、財政的支援をしてくれる人と、これ等の団体の働きに導きを感じる新しい働き人を起こしてくださるように祈りましょう。

EHC(全国家庭文書伝道協会、いのちのことば社の働き)は全国のすべての家庭に伝道トラクトを配布して、日本のすべての人たちに接触しようとしています。EHCは地域の教会や宣教師と協力して、日本のすべての家庭に福音のトラクトを置かせてもらう活動を4回、成功裡に行いました。EHCは3年間で100万枚のトラクトを、東日本大震災とそれに伴う津波、原子力発電所の事故によって被災した地域に配布しました。EHCでは1億8千万枚のトラクトを作り、それを読んだ388,000人以上の人が通信講座を受講し、何千人もの人が地域の教会に導かれました。

18

教会から離れてしまったクリスチャンたちのために祈りましょう。それぞれの都道府県において、教会の会員数と礼拝出席者数に差があることに注目してください。2018年の統計では、日本国内の教会員数は417,087人ですが、262,350人しか礼拝に出席していませんでした。(全教会の85%の回答による)礼拝出席者数には教会員でない人も含まれているので、礼拝に出席しているのはクリスチャン人口の50%以下である、と言った方が無難かも知れません。彼らはしばしば疑いや誘惑に苦しみ、他の宗教団体の標的になります。こうした人々が教会の交わりに戻されるように祈りましょう。

19

今年の秋に多くの福音集会が持たれます。教会に集う求道者たちが救いの決心をし、また多くの新しい人々がこれ等の集会に集い、定期的な出席者になるよう祈りましょう。CPIチャーチ・プランティング・インスティチュートは日本福音主義宣教師団の働きの一部で、日本においてその土地に根付いた福音に基づく教会を開拓している、150の宣教団体や教派からなるネットワークです。3,000人近くの宣教師や日本人が、2年に一度開かれる大会に参加しています。

からしだねネットワークは、2025年までに12の重点都市で教会を始めようとしています。教会増殖ビジョンフェスタは、5,000の教会を始めようと活動しています。これらの働きのためにお祈りください。

苦境にある教会

「海沿いの小さな都市にある小さな教会に近づいてみると、とてもびっくりしました。20年以上前に、若かった牧師先生がその教会に招かれた時には、教会の建物は素敵でした。しかしその当時の建築はあまり長くもつようには作られていませんでした。その都市は不況にあえいでいたために、教会員も教会の収入もあまり増えませんでした。建物のペンキははげて、内部の構造は錆びてしまい、とても見苦しくなっていました。中に入ると壁にはヒビが入り、床はきしんで、訪れた人を中に招き入れるのも躊躇してしまうような状態です。」

修理や建て替えを必要としている日本の多くの教会の建物のためにお祈りください。苦境にある信徒たちが、神様に栄光をもたらす教会の建物を賄うことができるようにお祈りください。

牧師夫人

牧師には教派や地域の交わりの機会がありますが、牧師夫人は往々にして自身の特別な立場からくる問題を相談する人がいません。中にはうつ病・摂食障害・子どもの不登校など専門的な助言を必要とする場合もあります。援助を求めたくてもほとんど援助を得られないのが実情です。

ある牧師夫人は夫の抱える精神的な問題を隠しています。別の夫人は、夫が相談に乗っている女性と秘密の関係を持っているせいで諦めてしまい、夫とついには別れてしまいます。しばしば孤独な立場にある牧師夫人を、続けてお祈りの中に覚えてください。牧師の家庭が健全な関係を保てるようにお祈りください。

8月20日～21日　中国地方

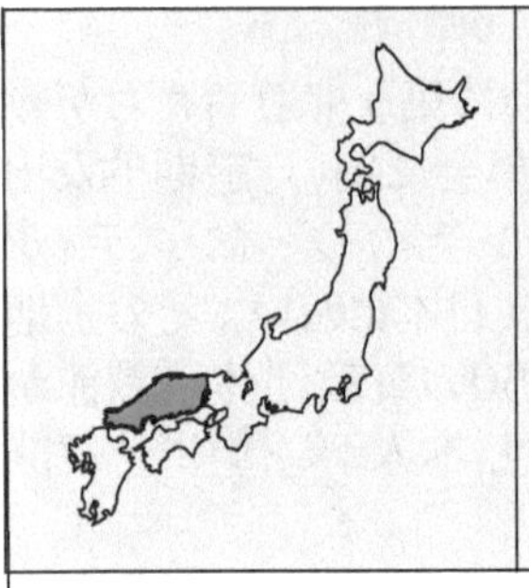

人口	7,150,579人	面積	31,921 km²
		密度	224人/km²
市	54	教会が1つしかない市	4
町/村	53	教会のない町/村	25
		人口2万以上で教会のない町/村	1
教会	493	1教会あたりの人口	1:14,504人
宣教師	32人	宣教師1人あたりの人口	1:223,456人

中国地方は山陽(太平洋側)と山陰(日本海側)の2つに分けられ、山陽地方では人口が増加していますが、山陰地方では人口は減少しています。山陰地方の鳥取県では人口が増加していませんが、人口に対するプロテスタント教会の割合(1教会あたり11,115人)が全国でも高い水準にあります。一方山陽地方の広島県(1教会あたり17,531人)では中国地方で最も低くなっています。

教会がない町や村において、開拓された教会の数に顕著な改善は見られませんが、市町村合併によって、無教会地域の数は劇的に減っています。ただし数としては減っていますが、合併前に教会がなかった地域では依然として教会がない所も多いので、覚えてお祈りください。山陽と山陰の両方の地域で新しい伝道を行うことが必要とされています。

中国地方の寺・神社・祭り

鳥取県:出雲大社
島根県:日本文明発祥の地
岡山県:はだか祭り(日本3大奇祭の1つ)
広島県:厳島神社
山口県:瑠璃光寺

20

この地方にはもっと教会が必要です。493教会のうち、少なくとも50の教会が次の5年間で、新しい教会を1つ始めるという目標を達成できますように。最も急を要するのは、人口の急増している広島県と岡山県の都市部です。また、人の少なくなった山間の村落への牧会や、教会の設置のために努力している個々人や、グループ、教会などのために祈る必要があります。瀬戸内海地方も福音を必要としています。

この地方には9つのプロテスタントの学校、54の幼稚園、23の保育園があって、合計14,000人の幼い子どもたちと青少年が聖書に接しています。これらの子どもたちと、過去に通っていた何千人もの子どもたちのためにお祈りください。

この地方では「世の光」、「希望のこえ」、「まことの救い」などのラジオ番組が放送されています。

21

「すべて、疲れた人、重荷を負っている人は、私のところに来なさい。わたしがあなたがたを休ませてあげます。」(マタイ11:28)重荷を負っている中国地方の人たちのために、どうぞ今日お祈りください。その人たちが、「イエス様のもとに来なさい」という招きを聞くことができますように。

広島県が原爆投下によって被害を受けたために、中国地方の人たちは平和に対して特に高い関心を持っています。イエス・キリストがもたらす平和が、中国地方の1人ひとりに与えられますように。この平和は壊される事が決してありません。

中国地方放送伝道協力会が、良い交わりと教会間の協力を促進しますように。

西日本ミッションは毎年、福音のために集会を持っています。

8月22日～27日　鳥取県

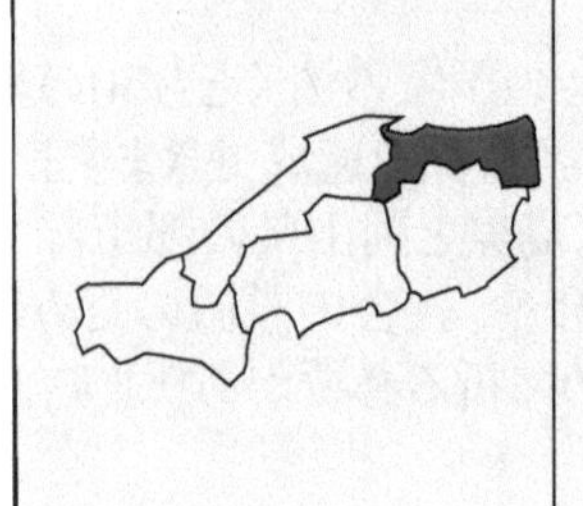

人口	544,639人	面積	3,507 km²
県庁所在地	鳥取市	密度	155人/km²
市	4		
町/村	15	教会のない町/村	8
教会	49	1教会あたりの人口	1:11,115人
宣教師	2人	宣教師1人あたりの人口	1:272,320人

鳥取県の北側は日本海に面しています。南は岡山県と中国山地、東は兵庫県、西は島根県です。鳥取県の面積は狭く、人口は日本国内で1番少ない県です。北側には火山がいくつもあり、東部には鳥取平野、倉吉平野、米子平野という3つの小さな平野があります。海岸線の砂浜は有名な鳥取砂丘で、とても美しい場所です。長さは16kmあります。

夏は降雨量が多く、冬は晴れる日が少なく、積雪量が多い地域です。

人口が少ないため、鳥取県の農業総生産は全国1低いですが、漁獲量では、日本海側の県では1位、全国でも4位です。

鳥取県は、中国地方の中で広島県に次いで仏教徒の割合が多く、クリスチャンの割合が1番少なくなっています。

1879年に同志社の吉村秀蔵と加藤勇次郎が鳥取県を訪れて、夏の間40日にわたって布教をしました。その後会衆派の宣教師と同志社の学生が宣教を引き継ぎ、1889年に倉吉市に、1890年に鳥取市に教会ができました。

明治時代後半に、東洋宣教会(ホーリネス教会)が米子市で活発に宣教をしました。この活動は有名なB.F.バクストンによって始められました。バクストンは松江市に拠点を置き、山陰地方全体に影響を与えました。

＊参照：p165に祈りの追加情報

22	今日、キリスト教ラジオ番組を通して、主が多くの人と触れ合えますように。山陰放送が放送している「心に光を」、「心のともしび」、FM山陰の「世の光」、中国放送の「心のともしび」のためにお祈りください。
23	山陰地方にはキリスト教書店がないので、クリスチャンや求道者が、役に立つ書籍を手に入れる方法が見つかりますように。キリスト教修養施設・キャンプ場: YMCA呼子高原センター・キャンプ場のために。
24	1994年創立のYMCA米子医療福祉専門学校が、優秀なキリスト教教育を提供できるように祈りましょう。クリスチャンの教師たちが救い主を現すことができるように祈りましょう。 鳥取県にはプロテスタントの6幼稚園 と3保育園があります。970人の子どもたちが毎日イエス様の話を聞いています。 子どもたちが今日、イエス様の話を両親に話してあげますように。
25	数少ないクリスチャンを励まして、それぞれがイエス様を家族と分かち合えるように、特に神様にお願いしましょう。
26	キリスト教福祉施設のために:鳥取市の1906年設立、45人のための鳥取こども学園と、20組の母子生活支援施設のぞみのために。
27	地元の教会へのアクセスがない8町の住民のために。東伯郡は人口51,558人、山間部に4つの町があります。西伯郡は人口38,874人、4つの町にはいくつかの教会がありますが、数は不足しています。 鳥取県では、市町村合併前に25の町や村に教会がありませんでした。合併によって教会のある自治体の一部になった、それらの町と村のためにお祈りください。

8月28日～9月2日　島根県

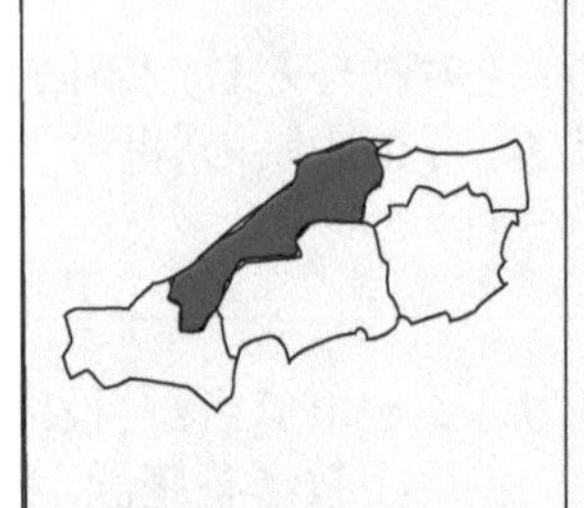

人口	659,560人	面積	6,708 km²
県庁所在地	松江市	密度	93人/km²
市	8	教会が1つしかない市	江津市 22,137人
町/村	11	教会のない町/村	4
教会	49	1教会あたりの人口	1:13,460人
宣教師	0人		

島根県は中国山地の日本海側に位置しています。北東から南西までの長さが180kmで、縦幅はわずか20～25kmです。県の形は細長く、山地と海岸が険しい丘を造り出しました。そのため農業に適した土地はとても少なくなっています。能義平野と出雲平野は県下で最も豊かな穀倉地帯です。隠岐諸島は島根県から約50km離れていて、小さな島が数多くあります。

出雲は島根県の東部にあります。ここでは特に降雨量が多く、時には積雪量も多くなります。西側の石見は比較的暖かく、夏は降雨量が多いです。

出雲大社は島根県の宗教風土に強大な影響を及ぼしています。島根県の人は鳥取県民に次いで、祖先への強い気持ちを持っています。また家族や近隣の人に対しての責任感が強く、伝統的な信念と相まってキリスト教の信仰に対する妨げとなっています。

英国国教会の宣教師ヘンリー・エヴィントン聖公会司祭が、1879年に大阪で講義所を始めました。1882年には、馬に乗って中国山地を超えて島根県へ行き、福音を説きました。1885年には松江で数週間にわたって特別集会を開き、毎晩600人もの人が話を聞きに集まりました。3年後には、松江での集まりは島根で最初の教会となりました。

英国国教会の働きが始まったのとほぼ同時期に、合同教会も島根県の西部で宣教を始め、1892年に津和野に教会ができました。この活動は1891年にB.F.バクストンが加わって、活発になりました。

28	礼拝の平均出席者数は16人で全国で最も少ない人数ですが、その1人ひとりのために神様に感謝します。霊的、そして数の成長のために祈りましょう。
29	この県にはキリスト教の修養施設やキャンプ場・書店・病院が全くありません。キリスト教の福祉施設には、ハイツ・シオン、シオンの園ござい な、ケアハウスねむの家があります。島根県のクリスチャンを強めて励ましになるように、より多くの働きが起こされますように。山陰放送が放送しているキリスト教番組が、島根県でも十分に用いられますように。
30	50人の学生が在籍する県で唯一のクリスチャンの学校、キリスト教愛真高校のために祈りましょう。教会付属の幼稚園は2つ、保育園は6つしかありませんが、この570人の子どもたちの中からクリスチャンのリーダーが起こされますように。
31	島根県にはキリスト教の病院やクリニックがないようです。医師や歯科医・保健師・助産師・看護師、その他クリスチャンの働き人の証しのために祈りましょう。 社会福祉の分野で働く人々のために。クリスチャンの職員が、イエス様をはっきりと証しすることができますように。 島根県でのキリスト教の医療や福祉活動がまだ十分でなくても、それぞれの教会が、周辺のコミュニティにキリストの愛を示すことができますように。
9/1	島根県の教会で毎週礼拝を守っているのは、700人もいません。今日神様が、それぞれの説教と聖書勉強会を祝福してくださいますように。
2	教会未設置の4つの町村が、近隣の教会を通して福音に接することができるように祈りましょう。神様はいくつもの方法をお持ちで、私たちが祈る時に働いて下さいます。人口27,000人で教会のない斐川町は、2011年10月1日に出雲市と合併したために、公には教会未設置の町ではなくなりました。

9月3日～8日　岡山県

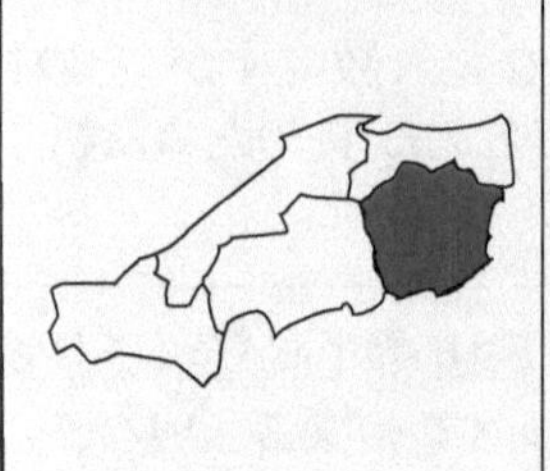

人口	1,865,152人	面積	7,114km²
県庁所在地	岡山市	密度	262人/km²
市	15	教会が1つしかない市	2
浅口市	32,228人	高梁市	27,666人
町/村	12	教会のない町/村	5
教会	138	1教会あたりの人口	1:13,516人
宣教師	6人	宣教師1人あたりの人口	1:310,859人

岡山県は中国地方の東南にあります。北は中国山地の分水嶺を境に鳥取県と、東は兵庫県、西は広島県と接し、南は瀬戸内海に面しています。瀬戸内海の多くの島は岡山県の一部です。北部にある久世町、勝山町、新見市一帯に小さな盆地と吉備高原があります。これらの盆地から吉井川、旭川、高梁川が南へ流れ、岡山平野を作りました。南部の児島半島には、同じ名前の児島湾と児島湖があります。

岡山県の主な産業は農業でしたが、製造業に変わりつつあります。しかし農業は依然として盛んで、中国地方1の生産量を誇ります。

古代において2大文化圏である九州と近畿地方を結ぶ交通網が岡山を通っていたので、この地方では両方の影響が見られます。意識調査によると、この県の人たちは他のどの都道府県に比べても、仕事を楽しみ、霊的・精神的に充実していると答えています。

岡山市の吉備津神社は有名です。岡山県は有名な宗教指導者を多数輩出しています。例えば法然（浄土宗の開祖）、栄西（日本の禅宗臨済宗の開祖）などが岡山出身です。この県出身のクリスチャンの指導者としては、山室軍平（日本救世軍の創立者）、留岡幸助（家庭学校の創始者）などがいます。

プロテスタントの宣教は、岡山県の保健局を支援するために、1875年に会衆派の医療宣教師W．テイラーが岡山県に行き、医療宣教と共に宣教の働きをしたのが始まりです。同志社の学生だった金森通倫は夏の間故郷で福音を広めました。同志社の学生や宣教師たちの助けを得て、1880年に岡山教会が設立されました。

3	これからの6日間岡山県を覚えて祈るとき、138教会の1つひとつが、主から新しい聖霊の力を与えられリバイバルが起こるように、そしてリバイバルによって、この県にイエス様のための変革が起こされるように祈りましょう。 浅口市と高梁市には教会が1つしかありません。人口が20,000人以上の真備町は、2005年に倉敷市と合併しましたが、教会がありません。
4	蒜山バイブルキャンプ(100人)とユースセンターうしまど(60人)のために祈りましょう。 CLCブックス岡山店は、クリスチャン文書伝道団(CLC)の解散に伴い閉店し、2021年からLe Livre 街の灯として同じ場所で、岡山県全体にとって大切な働きを続けています。
5	山陽放送から放送されているカトリックの「心のともしび」(月～土曜午前5:25)の働きのために祈りましょう。
6	岡山県には教会の5幼稚園と3保育園があり、1,200人の子どもたちが通っています。蒔かれている種のために、また日本中にいる卒園児たちの心の中に植えられた種のために祈りましょう。
7	100年以上にわたって地域に仕えてきた、171床を持つ岡山博愛会病院、102床を持つ博愛会クリニックのために祈りましょう。併設されている入居者122人の特別養護老人ホームアダムスホームのためにも祈りましょう。
8	この県には10の町と2つの村があります。そのうち1つの町と2つの村には教会がありません。奈義町と西粟倉村は県の北東、新庄村は北西に位置しています。どの地域も中国山地の中で、山林が大部分を占める豪雪地帯です。教会のない地域にも福音が届くように、どうぞお祈りください。 岡山県では、市町村合併前に45の町や村に教会がありませんでした。合併によって教会のある自治体の一部になった、それらの町と村のためにお祈りください。

9月9日～14日　　広島県

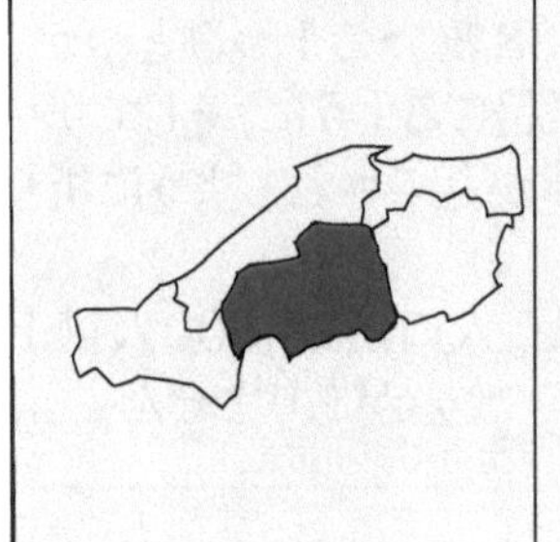

人口	2,764,151人	面積	8,480 km²
県庁所在地	広島市	密度	326人/km²
市	14	教会が1つしかない市	安芸高田市 25,625人
町/村	9	教会のない町/村	5
		人口2万以上で教会のない町/村	海田町 29,980人
教会	161	1教会あたりの人口	1:17,531人
宣教師	10人	宣教師1人あたりの人口	1:276,415人

広島県は中国地方の中心に位置していて、南側は瀬戸内海に面しています。東には岡山県、北には鳥取県と島根県、西には山口県があります。中国山地は北から北西の県境へと伸びて、西側県境にある冠山へとつながっています。東部には三次盆地と吉備平野があり、海側に福山平野があります。広島平野の西側は、広島湾に沿って広がっています。瀬戸内海にはおよそ150の島があり、40の島に人が住んでいます。

広島県は、面積においても人口においても中国地方で1番です。主要産業は商業と製造業で、自動車・鉄鋼・被服業は全国で5位を誇ります。

明治時代から第二次世界大戦の終わりまで、広島県は日本の軍需産業の中心として繁栄しました。原子爆弾による甚大な被害を被ったことで、広島は「ノーモア・広島」というスローガンと共に世界平和の大きな力となっています。

日本三景の一つである厳島神社は、今では礼拝の場所というより観光名所のようになっています。広島県は中国地方の中で1番仏教徒の割合が多い県です。

1879年に会衆派神学校の1年生だった中村留吉が広島へ派遣されました。仏教徒の強い迫害にあったにもかかわらず、1883年に広島教会が設立されました。

＊参照：p165に祈りの追加情報

9

広島市にある広島平和記念資料館は、1945年8月6日に広島に投下された原子爆弾によって亡くなった人たちを追悼・記念しています。原子爆弾により70,000人以上が瞬時に命を落とし、さらに70,000人が放射能によって致命的な傷害を負いました。あの運命の日の、今も鮮やかな記憶の最中にあって、多くの人が平和の君を知るようになりますように。

10

教会が1つしかない安芸高田市のために。また人口20,000以上の海田町には教会がありません。新市町と黒瀬町は教会がない広い地域ですが、市町村合併によってわかりにくくなっています。瀬戸内海にある多くの小さな島も、とても教会を必要としています。

11

RCC中国放送では、ラジオ番組「世の光」(月～土曜午前5:05)と「心のともしび」(月～土曜午前5:00)を放送しています。

広島CLC(広島クリスチャン文書センター)と広島聖文舎は、クリスチャン同様ノンクリスチャンにも必要な書籍等を提供しています。

日本アライアンス神学校では、神学生の訓練をしています。

12

キリスト教の学校:広島女学院(中・高・大学、3,000人)、YMCAの専門学校数校、福山YMCA国際ビジネス専門学校、その他。

13

広島市にある河村内科消化器クリニック(73床)、救世軍愛光園、津田子供の家、女性のための呉慈愛寮、視力障がい者のための広島聖光学園、障がい者と高齢者のための聖恵会のためにお祈りください。

14

広島県の9つの町の内5つの町には教会がありません。人口3万人、2つの町がある山県郡には少なくても教会が1つ必要です。

広島県では、市町村合併前に59の町や村に教会がありませんでした。合併によって教会のある自治体の一部になった、それらの町と村のためにお祈りください。

山口県

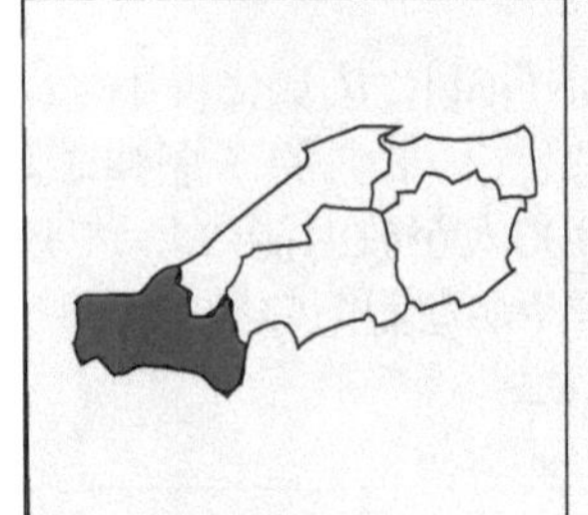

人口	1,317,077人	面積	6,113 km²
県庁所在地	山口市	密度	215人/km²
市	13		
町/村	6	教会のない町/村	3
教会	96	1教会あたりの人口	1:13,720人
宣教師	14人	宣教師1人あたりの人口	94,077人

中国地方の西部、本州の最西端にあって、北と西は日本海、南は瀬戸内海に囲まれ、東は島根・広島の両県に接しています。南西端は幅700mの関門海峡を隔てて九州と対し、南東部の半島状に突き出た先には、屋代島(周防大島)をはじめ大小の島が点在しています。中国山地の西端は県内に入って、高さ500m程度の高原ないし丘陵となっています。

山口県では風と雨によって被害を受けることがよくあります。

山口県の農業生産量は、全国でも中国地方でもほぼ平均を占めています。また下関港をはじめとする良い漁港にも恵まれています。

古代において山口は九州文化圏に含まれていて、中国の影響を多大に受けていました。そのため山口県は比較的高いレベルの文化を持っています。

調査によると、山口県民は天皇に最上の敬意が払われるべきだと考える人が70%を占めていて、これは全国で1位です。また同じ割合の人が、古い習慣や伝統を重んじるべきだと答えていて、全国4位です。しかし宗教に対しては、平均と同程度にしか興味を持っていません。このような考え方と強い集団意識があるために、福音に対して個人的な決心をすることが難しくなっています。

山口でのキリスト教の働きは、聖フランシスコ・ザビエルによって始まりました。ザビエルは大内義隆公に宣教を許されて、その結果多くの人が改宗をしました。

山口県でのプロテスタントの布教の始まりは1879年で、東京の会衆派教会神学校を卒業した青山昇三郎が下関に移り住んで、迫害を受けながらも布教をしました。そして同じ年に教会を設立しました。

15	今週山口県にある96の教会で、主が豊かに崇められるように祈りましょう。牧師や教会指導者のためにも、あなたの指導者のために祈るのと同じようにお祈りください。
16	クリスチャンが、山口放送の「世の光」(月～土曜午前5:20)とカトリックの「心のともしび」(月～土曜午前5:25)の働きを通して成長するように、そして勇気づけられるように祈りましょう。
17	下関にある梅光学院(中・高・大学1,309人)のために祈りましょう。この学校は100年以上、キリスト教教育を提供してきました。また光市にある聖光高校のために。多くの家族にとってキリスト教との最初のふれあいは、子どもがキリスト教に関係する13の幼稚園と3つの保育園に通うことです。合わせて1,500人の子どもたちが通園しています。
18	山口県にはキリスト教主義の医療クリニックや病院はありません。クリスチャンの医療スタッフが、仕事の中でキリストの愛を分け与えることができますように。
19	重度の身体障がい者の自立を助けるトレーニングと5ヶ所のアパートを提供している、岩国市の亀の里の働きのために。クリスチャンの職員がイエス様の愛の模範を示せるように祈りましょう。
20	教会のない3町村のために、福音を耳にする事ができるように祈りましょう。私たちが祈る時、主は驚くべき方法で、主を探している人々にその愛を示して下さいます。 山口県では、市町村合併前に30の町や村に教会がありませんでした。合併によって教会のある自治体の一部になった、それらの町と村のためにお祈りください。 ＊参照：p165に祈りの追加情報

9月21日～24日　日本の社会問題

高齢化：現代社会においては高齢者が増加しています。1980年には日本の総人口のうち9%が65歳以上でしたが、1990年には12%、2014年には26%、2021年には29.1%になりました。高齢化は、国の経済からキリスト教の布教まで、様々な面に影響を及ぼす社会問題です。

高齢者が増加するにつれて、福音を伝える機会が広がっています。人生の晩年に近づくと、多くの人は霊的平和を求めるようになります。したがってキリスト教の高齢者施設やホスピスにおける布教の可能性が大いに増えます。キリスト教年鑑によると、2000年にキリスト教の高齢者施設が187ありましたが、2015年には207に増えました。しかしこれも高齢者施設の2%でしかありません。より多くのキリスト教の施設が建てられるようにお祈りください。

高齢化の波は牧師にも押し寄せています。現在フルタイムで働いている日本の牧師のうち40%が60歳以上、70%近くが50歳以上です。今後何年かでこの牧師たちが退職すると牧師の数が非常に減少しますが、若い世代の牧師はこの空席を埋めるほど人数がいません。どうか実りの主が、新しい働き手を起こしてくださるようにお祈りください。また同時に、一般人の指導者もこの必要に答えられるよう育成されますように。

日本には、聴覚に障がいを持つ人が約25万人います。往々にして聴覚障がい者は、手話という独自の言語を用いる、通常のコミュニティとは異なる社会規範を持つ少数派として捉えられてしまうことが無きにしもありません。通常、難聴者や中途失聴者、統合教育により聾学校に通わず一般学校に通った聴覚障がい者は、健常者に近いと見なされます。

クリスチャンの聴覚障がい者はおよそ2～3,000人と推定されていますが、日本中にいて、属している教会は3つのグループに大別されます。1つ目は、日本の手話による聴覚障がい者のための教会。2つ目は、健聴者の教会にある、手話通訳者や同時通訳者がいる聴覚障がい者のための部門。3つ目は、一般の教会で、一人か二人の聴覚障がい者がいる教会です。

残念ながら、過去には聴覚 障がいのあるクリスチャンの中で深い分裂があって傷跡を残してきました。教会員の取り合いや、教会間における不信感などがありましたが、現在ではそのような過去を修復し、相互理解を推進する団体も出てきました。

21

女性に多くを要求している社会の中で、多くの日本の女性は極端に低い自己認識を持ち、苦しんでいます。神様がどれほど女性たちを大切にしているかを、示して下さるよう祈りましょう。神様の愛の力によって、女性たちが変えられますように。日本福音同盟の女性委員会では、女性の信仰と伝道のための働きをしていて、その働きを主が用いてくださっています。委員会ではセミナーや修養会を主催して、女性が家族・教会・社会の中でより効果的に伝道できるように支援しています。

22

障がい者に対する差別は、日本社会で1つの問題となっています。キリスト教は長年にわたって、こうした障がい者のために先頭に立って働いてきました。社会全般において、人々が同等の権利をもって受け入れられますように。

23

敬老の日は、日本の祝日で9月の第3月曜日です。高齢の家族のためにクリスチャンが証しをするように祈りましょう。

日本キングス・ガーデンのためにお祈りください。61の老人福祉施設が、茨城県常総市、埼玉県川越市、三重県多気郡、東京都、宮城県仙台市、石川県金沢市などにあります。これらの施設は高齢者のために、訪問サービス、デイケア、高齢者施設など様々な働きをしています。東京都にあるいくつかの施設では、交代で40人の牧師が、毎日の礼拝や聖書研究会の奉仕をしています。草加キングスガーデンは2003年にオープンし、最初の6ヶ月で10人がキリストを救い主と告白し、5人が洗礼を受けました。

24

クリスチャンの医師、看護師、及び職員たちが、イエス様を上手に表しますように。日野原重明博士は広く尊敬された医師兼教師で、96歳で最高齢のベストセラーの著作者となりました。彼は2017年に天に召されました。

福音主義医療関係者協議会（EMF ）は、福音主義信仰に立つクリスチャンの医療従事者の団体です。講演会や海外研修旅行を行なっています。

9月25日～26日　四国地方

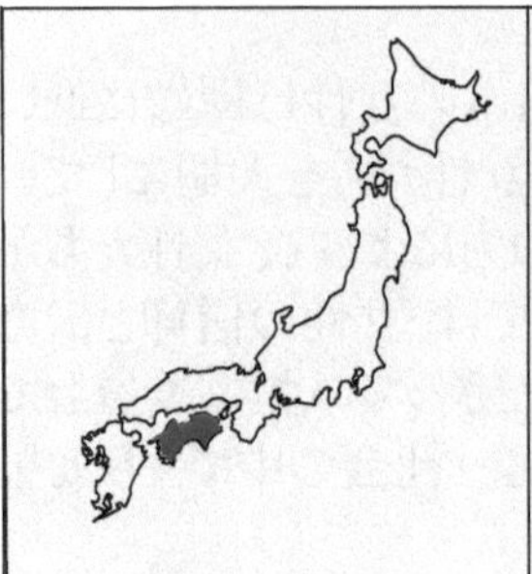				
人口 3,629,194人			面積	18,804 km²
			密度	193人/km²
市	38			
教会のない市	1		教会が1つしかない市	5
町/村	57		教会のない町/村	27
教会	309		1教会あたりの人口	1:11,745人
宣教師	5人		宣教師1人あたりの人口	1:725,839人

四国は本州四島の中で最も小さく、人口も少ない島です。四国と本州は、フェリー・空路そして瀬戸大橋でつながっています。人口のほとんどは北部に集中していて、南部の広大な地域は山が多く人口もまばらです。

明治時代には米国南部長老派教会の宣教師が、福音を伝えるために遠隔の山間部にある村に分け入りました。小さな村の指導者が多くクリスチャンとなり、伝道は広がりました。

四国地方は、人口に対する教会の割合が日本の他のどこの地方よりも高くなっています。また四国の4県全てで、国内平均の割合を上回っています。多くの新しい教会がTEAMの宣教師によって始められました。1954年に高松市で0から始めて、TEAMの宣教師は西日本の9県へと教会開拓を広げ、50以上の教会が開拓されました。そのうち35の教会は独自の建物を持ち、日本人が牧会をしています。これらほとんどの発展は、1970年以降に7つの小さな教会を基礎として始まりました。

四国地方の寺

四国88箇所（空海ゆかりの寺をめぐる巡礼）
徳島県：1～23番、66番
高知県：24～39番
愛媛県：40～65番
香川県：67～88番

25

船員や漁師の守護神である金比羅を拝むために剣山や石鎚山にやってくる多くの巡礼者のために祈りましょう。彼らが求めているものは、キリストの中にあるのだという事を知ることができますように。四国地方のクリスチャンに、特別な励ましの祝福が与えられますように。全四国クリスチャン修養会で、多くのクリスチャンが聖霊に満たされ活発な証人となりますように。

26

徳島県阿波市には教会がまだなく、その他にも四国地方全体で5つの市には1つずつしか教会がありません。また教会がない27の町村の人が御ことばを聞き、信者が教会の交わりに加わりますように。教会がない大きな町の1つは香川県にある人口20,000人以上の香川町で、2006年に高松市と合併しました。

四国地方の プロテスタント主義学校

県	学校数	生徒数
香川	1	1,257
愛媛	2	2,169
高知	1	113
合計	4	3,539

四国地方の プロテスタント系神学校

県	学校数	生徒数
香川	1	20
愛媛	1	11
合計	2	31

9月27日〜10月 2日　　徳島県

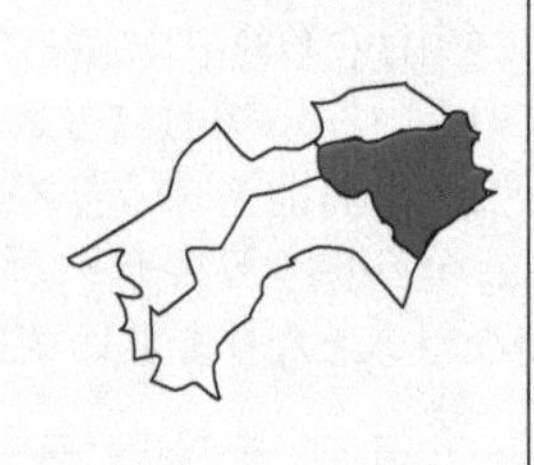

人口	705,710人	面積	4,147 km²
県庁所在地	徳島市	密度	170人/km²
市	8	教会のない市	阿波市 33,661人
		教会が1つしかない市	3
町/村	16	教会のない町/村	9
教会	52	1教会あたりの人口	1:13,571人
宣教師	0人		

徳島県は四国の東部に位置しています。県の北部と西部には1,000〜2,000m級の高い山がそびえていて、東と東南では太平洋と紀伊水道に面しています。南部には吉野川が讃岐山脈から県唯一の平野である徳島平野へと流れています。吉野川は四国4県の水源の役割も担っています。中央から南へ広がる剣山は海岸線にまで伸びています。

北部の降水量は少ないですが、南部は典型的な太平洋側気候で、降水量が多く、台風も多いです。

江戸時代以降、徳島県は経済的に発展してきました。職場において女性が経済的に大きく貢献をしていて、徳島県には女性の会社社長が全国1多くいます。家の名前と地位を重んじ、祖先との精神的つながりを感じる人の割合も全国1多いです。

鳴門市の竜泉寺は四国八十八ヶ所巡りの最初の巡礼地ですが、伝統的な仏教徒の数は多くありません。これは創価学会と神道の宗派の影響があって、物質的な利益に重きを置く傾向も一因と考えられます。

英国国教会のヘンリー・エビントン主教は、大阪に講義所を開いたのち1880年に徳島を訪れ、3人が洗礼を受けました。1884年にはさらに7人が受洗し、英国国教会が設立されました。その成果の1つとしては、傑出したクリスチャン指導者で社会改革者の賀川豊彦がいます。

＊参照：p165に祈りの追加情報

27	徳島県牧師協会、四国放送伝道協力会、徳島市民クリスマスの福音伝道のために祈りましょう。この県にある52教会が、県全体に教会を設置するための大きなビジョンを持ちますように。
28	YMCA阿南国際海洋センターと徳島キリスト教書店のために。キリスト教TV番組が見られるようになりますように。ラジオ伝道:「世の光」(月～金曜午前5:15、土曜午前6:00)、「心のともしび」(月～金曜午前5:10、土曜午前6:10)、「世の光いきいきタイム」(日曜午前6:45)をJRT四国放送が放送しています。
29	徳島県は四国地方でキリスト教主義の学校が1つもない唯一の県です。クリスチャンの教師が若い人々の良い模範となるように祈りましょう。教会関係の2幼稚園と8保育園が、795人の園児たちにとって福音のかがり火となりますように。
30	キリスト教主義の病院のために祈りましょう。徳島市の徳島栄光病院(71床)、美馬市脇町の大島医院(48床)。医師・歯科医・看護士など健康に携わる働き人のために祈りましょう。
10/1	三好郡東みよし町にある児童養護施設、加茂愛育園には70人の子どもが、徳島市にある徳島児童ホームには60人の子どもが生活しています。
2	教会がない阿波市のために祈るのと同時に、どれも1つしか教会がない吉野川市 (人口37,614人)、美馬市(人口27,064人) と三好市(人口22,479人)をも覚えてお祈りください。 徳島県では、市町村合併前に32の町や村に教会がありませんでした。合併によって教会のある自治体の一部になった、それらの町と村のためにお祈りください。

10月3日～8日　香川県

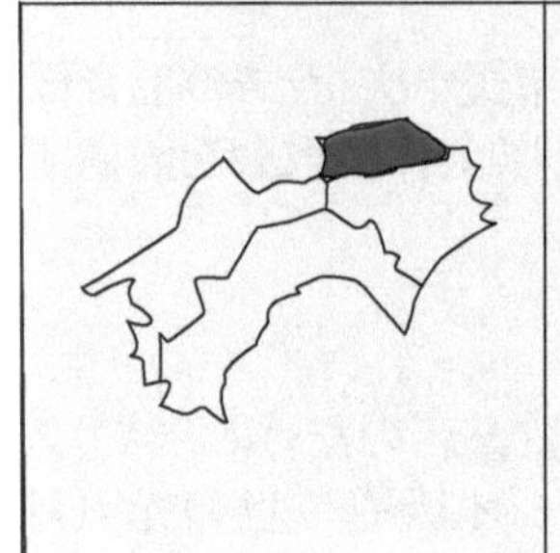

人口	935,483人	面積	1,877 km²
県庁所在地	高松市	密度	498人/km²
市	8		
	教会が1つしかない市	三豊市	60,067人
町/村	9	教会のない町/村	0
教会	87	1教会あたりの人口	1:10,753人
宣教師	1人	宣教師1人あたりの人口	1:935,483人

香川県は四国地方の北西部を占めていて、東西に長く伸びています。北は瀬戸内海に面し、小豆島を含む大小さまざまな島があります。県の中央部には讃岐平野があり、南部には讃岐山脈が連なっています。南には徳島県があり、西には愛媛県があります。

香川県は日本で最も総面積が小さい県です。瀬戸内海式気候の典型で、年間を通して雨が少なく温暖な気候です。渇水対策のために2万以上の人工の池が作られました。

四国地方の他県とは異なり、香川県では農業はそれほど経済に貢献していません。工業地帯は、高松市と観音寺市の間の沿岸部に広がっています。

香川県は本州と近いため、移住者や訪問者が持ってくる新しい文化や品物の四国地方への玄関口となってきました。香川県民は概して穏やかで控えめ、勤勉で楽観的、余暇を楽しむことが好きな傾向があります。

香川県の人は宗教、特に仏教に対して関心を持っています。弘法大師の生誕地です。また四国八十八ヶ所巡りのうち第67番から88番までの札所が、香川県にあります。

愛媛県にある今治教会（1879年設立）の、渡辺ふきいじと数人の信者が丸亀市で布教活動を始めました。彼らは聖書を販売し、寺で説教までしました。1889年にアメリカ南メソジスト監督教会の宣教師ランバスが多度津に来て、翌年香川県初の教会を設立することができました。米国南部長老教会の宣教師たちが、1950年に四国学院大学を設立しました。

＊参照:p165に祈りの追加情報

3	エホバの証人や統一教会への特別伝道をしている香川ネットのために主の祝福をお祈り下さい。四国地方の結婚式委員会と他の諸教派間のつながりのために祈りましょう。
4	香川県は四国地方の中では、平均教会員数と礼拝出席者数が一番少ない所です。ラジオ関西で放送しているルーテル・アワー「心に光を」(月～金曜午前5:05)が、多くの人々をイエス様に導きますように。
5	キリスト教のトレーニング施設、神戸YMCAの余島野外活動センターのために 。高松市のCD・Booksグレースのクリスチャンの成長のための働きに。 高松クリスチャンセンターは5階建てのビルで、1階にはチャペル、4階には西日本宣教学院があります。また1か月に1回イングリッシュ・カフェが開催され、開拓伝道の活動の拠点でもあります。教会開拓は2件が進行中です。
6	西日本宣教学院(20人)が、地域の必要に的確に答えられますように。四国学院は県内唯一のキリスト教の学校です。1,257人の学生が学ぶ四国学院(善通寺市 大学・大学院)のために祈りましょう。またキリスト教の中学・高校がつくられますように。 教会附属の4幼稚園と8保育園があり、合わせて1,500人の子どもたちが通っています。
7	高松市の栄光会ルカ病院のキリスト教の働きのために。またキリスト教高齢者福祉施設のために。高松市にある70床を備えたシオンの丘ホーム、丸亀市にある紅山荘、ケアハウスベテルのためにお祈りください。
8	教会が1つしかない三豊市(60,067人)と、高松市と合併した教会がない香川町(24,000人)は、両方とも大切な祈りの課題です。 香川県では市町村合併前に14の町や村に教会がありませんでした。合併によって教会のある自治体の一部になった、それらの町や村のためにお祈りください。

10月9日～14日 愛媛県

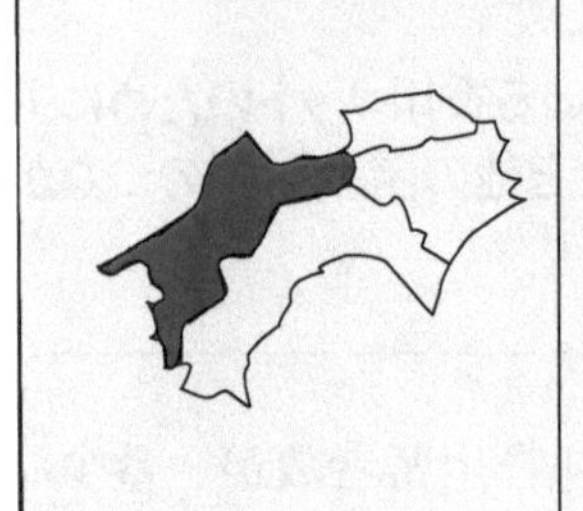

人口	1,310,129人	面積	5,676 km²
県庁所在地	松山市	密度	231人/km²
市	11		
町/村	9	教会のない町/村	2
教会	114	1教会あたりの人口	1:11,492人
宣教師	0人		

愛媛県は四国地方の北西部にあり、北で瀬戸内海に、西で豊後水道に面しています。北東には香川県と徳島県があり、南西部にある四国山脈で高知県と接しています。北東から南西に150km広がる長い県です。瀬戸内海に面する海岸線には、新居浜、今治、松山という3つの平野があります。今治平野と松山平野には、高縄半島があります。西にある石鎚山脈の突端には佐多岬があります。

農業は減少していますが、四国地方では最大の耕地面積を持ち、収穫量も最多です。また漁業が堅調で、四国全体で最多の漁獲量を誇っています。

気候は年間を通して温暖で、自然災害に見舞われることもほとんどありません。その結果、愛媛県の人は穏やかな性格だと言われます。権威と伝統には従順で、共同体の問題には熱心ですが、見知らぬ人にはあまりオープンではありません。

1876年にJ.L.アッキンソンが松山と今治を訪れ、何人かの助けを借りながら熱意を持って伝道をしました。1878年には熊本バンドの横井時雄も加わり、今治キリスト教会が正式に設立されました。その教会を通して、1885年には松山に、1888年には宇和島にも教会ができました。

愛媛県では人口が減少していますが、11ある都市のうち2つの都市では人口が増加しています。この人口の傾向は今後の伝道計画に影響を与えることが考えられます。

愛媛県は人口に対する礼拝出席者数の割合が、1,000人に対して2人で、これは近畿・中国・四国地方で高い割合です。

＊参照：p165に祈りの追加情報

9	愛媛県のために祈る時には、1,310,129人の人々に神様が恵みの機会を与えてくださるように祈りましょう。ほとんどの人々は救い主のことをまだ耳にしたことがありません。 県内に114ある教会の1つ1つが喜びと力と一致に満たされて、多くの人をイエス様へと誘いますように。
10	RNB南海放送から放送されているカトリックの「心のともしび」(月～金曜午前5:25/土曜午前6:45)、「世の光いきいきタイム」(日曜午前7:05)、「キリストへの時間」(日曜午前5:45)が教会のない地域の人々の心に訴えかけますように。
11	キリスト教の修養施設:松山済美会館では結婚式伝道をしています。キリスト教書店:松山市にある松山キリスト教書店とはこぶね書房のために祈りましょう。
12	長いキリスト教の歴史を持っている学校のために祈りましょう。松山東雲学園(中・高・短大・大学1,513人)と松山城南高校(656人)のために祈りましょう。20の幼稚園と4保育園では、毎日2,231人の子どもたちにイエス様のことを教えています。
13	松山ベテル病院(155床)と高齢者のための松山エデンの園(150床)、道後ベテル・ホームのために。川内町にある特別のケアが必要な高齢者用総合福祉施設ガリラヤ荘、松山市にあるあゆみ学園の身体障がい者のための働きのためにもお祈りください。
14	愛媛県の教会未設置地域は他の県に比べて少ないのですが、伊予郡と南宇和郡は、霊的必要に適切に対応するにはもっと教会が必要です。宣教師が、この地で伝道をする導きを感じるようお祈りください。 愛媛県では、市町村合併前に32の町や村に教会がありませんでした。合併によって教会のある自治体の一部になった、それらの町と村のためにお祈りください。

10月15日～20日　高知県

人口	677,872人	面積	7,104 km²
県庁所在地	高知市	密度	95人/km²
市	11		
教会が1つしかない市	土佐市		25,524人
町/村	23	教会のない町/村	16
教会	56	1教会あたりの人口	1:12,105 人
宣教師	4人	宣教師1人あたりの人口	1:169,468人

高知県は四国で最大の県で、南部のほぼ半分を占めています。南で太平洋に面し、北では徳島県と愛媛県に接しています。高知県は東西約180kmの長さで、総面積のほとんど(80%)を山地が占めていて、平坦なのは高知平野と中村平野です。人口は四国で最少、人口密度も全国で下から4番目に低い県です。土佐湾は、東に室戸岬、西に足摺岬がある東西130kmの海域で、内側に入り組んだ形をしています。

高知県の気候は温暖で、降雨量が多く夏は高温多湿です。年間平均で70日しか晴れることがなく、また台風の季節には大きな被害を受けます。

高知県は宮城県に次いで農業従事者の割合が高いですが、農業総生産量は耕地面積が少ないため多くはありません。森林が面積の80%を占めていて林業が盛んです。また漁業も堅調です。

高知県民は頑固で反権威主義、そして政府や天皇や高齢者に対して平均より敬意を持っていないと言われます。宗教にはあまり関心を持っていないものの、和歌山県、奈良県に次いで、高知県は神道の信者の数では全国で3位です。

県内でのプロテスタントの伝道は1878年にアメリカン・ボードの宣教師であるJ.L.アッキンソンが、影響力を持った政治指導者に招かれて高知に来て始まりました。アッキンソンは1ヶ月滞在して、毎日みことばを語り、聖書を配布しました。そして1884年には他の宣教師も招かれて高知教会ができました。

15	牧師たちと教会間に良い交わりと協力があるように祈りましょう。高知市内超教派神父牧師会と四国リバイバル祈り会のために。
16	高知福音書房のために。人口が少なく、クリスチャン人口も少ない所での文書伝道は難しいことです。
17	ラジオ伝道が教会のない山間部の村や過疎地域に届きますように。RKC高知放送から「信仰の時間」(日曜午前6:00)と「心のともしび」(月～金曜午前5:20)の2つのラジオ番組が放送されています。
18	清和学園(女子中・高 113人)がキリスト教を土台とした教育を続けていけますように。370人の子どもが通う教会付属の2幼稚園と1保育園で、効果的な働きができるように祈りましょう。
19	医療・社会福祉・教育に携わるクリスチャンのために祈りましょう。 プロテスタントの医療機関は2011年3月に開業した、内科・循環器内科・老人科の大川病院のみです。 高知市から車で西へ30分の須崎市に、高齢者のためのベテルホームすさきがあります。40人が入居していますが、大半はクリスチャンではありません。その隣にあるオリーブホームには137人が入居しています。津波が発生した場合には避難所として使えるように6階建てになっています。
20	教会未設置の16町村は、人口が1,000～4,000人と少なく、しかも人口は減少しています。3町村で人口15,521人の幡多郡には教会がありません。ぜひお祈りの中に覚えてください。 高知県では、市町村合併前に31の町や村に教会がありませんでした。合併によって教会のある自治体の一部になった、それらの町と村のためにお祈りください。

2015年のキリスト教年鑑には、カトリックとプロテスタントを合わせて122校の神学校が載っていて、2007年の119校から増加しています。ほとんどは特定の教派や教会が連合して運営していますが、ほぼ半数は学生数が20人以下です。

日本においてこれらの学校が常勤の職員を雇うのは経済的に困難なため、多くの牧師が非常勤で教えています。それによって学生は、知識だけでなく教会の牧会に必要とされる実践的なスキルも学べるという利点があります。

日本の教会では多くの牧師が引退の年齢を過ぎているので、近い将来牧師が大変不足する心配があります。多くの若者が主の声を聞き、牧師としての伝道に専門的に献身することができるようにお祈りください。

余暇に学びたいと考える高齢者が増えているので、多くの聖書通信教育学校ではそのような人たちに講座を提供しています。

東京キリスト教学園には、東京基督教大学(129人)・東京基督神学校 (44人)・共立基督教研究所があります。研究所では多くの人に継続した教育を提供しています。東京基督教大学は、日本政府の公認を受けた公的な学位を取得できる唯一の福音の大学です。

聖書宣教会(125人)には、本科の他、聖書科に教会音楽と聖書の2つの専攻があります。この学校から多くの牧師が巣立ち、福音教会で奉仕をしています。

大阪キリスト教短期大学の神学科のためにお祈りください。大学が学生を導くときに、福音的な立場を保つことができますように。

東京のJTJ宣教神学校では、キャンパスと通信教育で学べる幅広いプログラムを提供しています。

教師が聖書を引用

終戦直後にKさんは故郷で小さな専門学校を始めました。初めは小さかった学校は、2校の大規模な私立高校と2校の短期大学になりました。

Kさんの奥さんは信者で、夫の救いのために長年祈り続けていました。そしてついに彼はイエス様に心を開き、校長として生徒への挨拶に聖書の御ことばをよく引用するようになりました。

神様の助けによって日本中のクリスチャン教育者が、生徒と職員への効果的な証しを持つことができるようにお祈りください。

21

日本にある122の伝道者養成学校のために。そのうちの数校は前のページで紹介しました。収穫の主が、多くの新しい人々を教会の牧会者や、新しい教会の開拓者として起こしてくださるように祈りましょう。

22

JCGIネットワークは指導者育成組織で、日本のトップの牧師を200人近く養成しました。このネットワークに属しているのは、日本の福音派の牧師の1%ですが、その牧師が全国の11%の信者を担当していて、その教会は日本の成長の90%を占めています。

23

聖書を読む会はグループで聖書の勉強と話し合いを進めています。クリスチャンを強め、人々をキリストに導くために、神様はこのグループを用いていらっしゃいます。

セカンド・レベル・ミニストリーは、アメリカ・ジョージア州アトランタに本部があり、日本人のクリスチャンを、効果的なメンターシップ・プログラムによって養成しようとしています。また日本で、年に1回の訓練プログラムも実施しています。

24

アルファのコースを通して、数千人が訓練を受け、そして多くの人が福音に触れました。VIPクラブと結んで戦略的な新しい働きを始めたアルファ・ワークプレース・カンバセーションズ、様々な団体とのパートナーシップを組んだ青年及び学生のためのアルファのために祈りましょう。

ある牧師の体験

「日本で教会を始めるには時間がかかります。何年も経ってやっと、教会の中枢になる3つの家族と数人の独身の人ができました。しかし数年後には2家族が引っ越してしまい、3番目の家族は離婚をして教会を離れてしまいました。私たちの教会にとってはなんと大きな損失でしょう。」

教会での指導者の育成に奮闘したのに、その指導者たちがいなくなってしまうという状況に困っている教会と牧師のためにお祈りください。

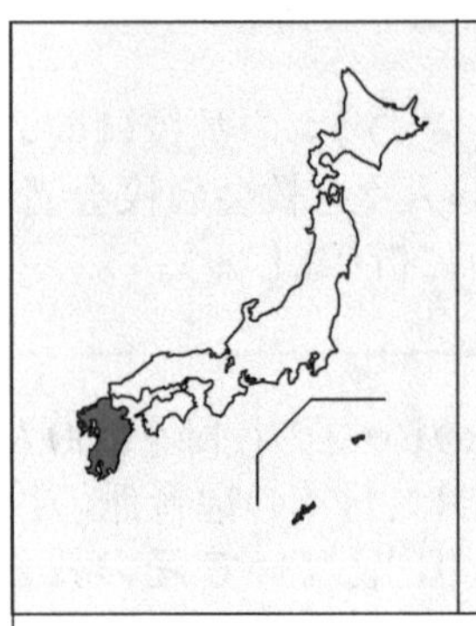

人口	14,255,644人	面積	44,512 km²
		密度	317人/km²
市	119	教会のない市	7
		教会が1つしかない市	29
町/村	155	教会のない町/村	93
		人口2万以上で教会のない町/村	8
教会	880	1教会あたりの人口	1:16,044人
宣教師	154人	宣教師1人あたりの人口	1:91,681人

キリスト教は、日本においては九州地方で最も長く、最も深い根を持っています。1549年にフランシスコ・ザビエルとイエズス会が鹿児島に来ました。キリスト教は、その後禁教とされて厳しく弾圧されるようになるまで、沖縄、種子島、鹿児島、そして九州の他の地域から日本全体に広まりました。1597年2月5日には長崎で総勢26人、日本人20人とスペイン人6人が磔刑に処せられました。これはその後250年間にわたって続く厳しい抑圧の始まりを告げる出来事でした。多くの信者が殉教をし、あるいは信仰を捨てました。中には隠れキリシタンとして信仰を持ち続ける人もいましたが、公にはキリスト教は消えてしまいました。

1865年になってカトリックの宣教師が戻ってくると、長崎とその周辺に同じ信仰を告白する数千人の人がいました。しかしながら長い間の孤立によって、彼らの信仰は多くの面で変容していました。

プロテスタントの宣教師も明治時代になって、長崎県・熊本県・佐賀県を中心とした伝道のために九州へ来ました。南部バプテストの働きは、明治時代まで遡りますが、戦後の布教は特に祝福されて、多くのバプテスト連盟の教会を設立しました。他の比較的小さい宣教団は、熊本県・大分県・宮崎県の町で教会を始めることができました。ありがたいことに人口減少にもかかわらず、これらの教会は今も存続しています。

25

九州地方は、西日本のどの場所よりも、人口に比する教会の数が少ない地域です。佐賀県は人口25,039人に教会がたった1つと、日本国内で教会の数が最も少ない地域で、他の3県でも20,000人に1つ以下しかありません。各県で少なくとも2万人に対して1つの教会が始められるようにお祈りください。。

26

佐賀県の多久市には長いこと教会がありませんでしたが、とうとう新しい教会ができました。教会がない7つの都市、福岡県の中間市・嘉麻市・うきは市、佐賀県神埼市、長崎県雲仙市、熊本県上天草市、鹿児島県曽於市にプロテスタントの教会ができるようお祈りください。93の町村に教会がなく、そのうちの8町村は人口が20,000人以上です。また10の大きい町は市と合併したために、無教会ということがわかりにくくなっています。

九州地方の寺、神社、祭り

福岡県：正福寺（日本初の禅寺）
佐賀県：祐徳稲荷神社（日本3大稲荷）
長崎県：孔子廟（孔子を祀る）
熊本県：日輪寺
大分県：宇佐八幡宮（日本八幡宮の総本営）
宮崎県：宮崎神宮（初代の神武天皇を祀る）
鹿児島県：お釈迦まつり（4月29日）
沖縄県：石敢當
（丁字路の突き当たり等の魔除けの石碑）

10月27日～11月1日　福岡県

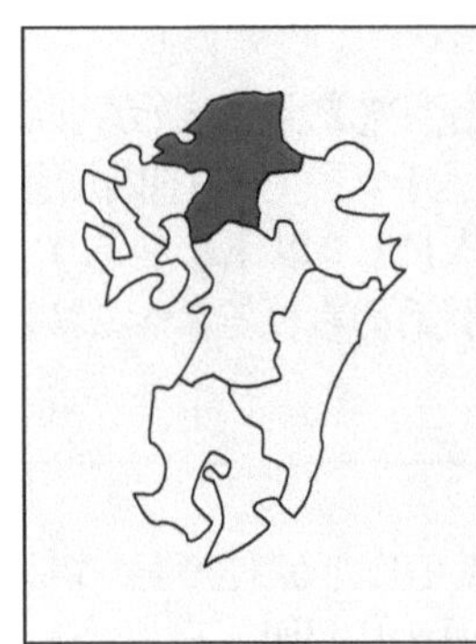

人口 5,116,676人　面積 4,987 km²
県庁所在地 福岡市　密度 1,026人/km²
市 29　教会のない市 3
中間市 39,345人 嘉麻市34,266人 うきは市 27,365人
教会が1つしかない市 行橋市 70,876人 那珂川市 49,855人
田川市 45,238人 みやま市 34,883人 大川市 32,016人
宮若市 25,656人 豊前市 23,652人
町/村 31 無教会町村 17 人口2万以上で教会のない町/村 3
教会 279　1教会あたりの人口 1:18,339人
宣教師 43人　宣教師1人あたりの人口 1:118,992人

福岡県は九州の北部に位置していて、北東は周防灘、北は響灘、北西は玄界灘に面しています。南東は英彦山で大分県と、南は筑肥山地で熊本県、南西は背振山地で佐賀県に接しています。

農業生産量と農業従事者数は九州で最少ですが、筑後平野は米・麦・野菜・果物の産地です。林業と漁業はほぼ全国平均レベルです。

筑豊炭田の産する石炭のおかげで北九州は国内の四大工業地帯の1つになりました。石炭の需要は減少しましたが、北九州は製造業が盛んで依然として栄えています。

福岡県の人は洗練されていて、寛大、平均的な日本人に比べて外部の人に差別的ではありません。福岡県には西日本で最多の30,000人の外国人がいます。

1877年に薩摩藩の反乱（西南の役）に加わった36人は捕えられて兵庫監獄へ送られました。そこで神戸の信者が囚人に伝道を行い、大神範造他数人が信者となりました。1879年に福岡へ帰ると、彼らは同志社の学生の支援を頼み、迫害があったにもかかわらず、1885年に教会ができました。

＊参照：p165に祈りの追加情報

27	RKB毎日放送から放送されるカトリックの「心のともしび」(月～金曜午前5:25/日曜午前6:00)を通して多くの人々がイエス様と出会いますように。 福岡県にある教会の平均教会員数は54人ですが、礼拝出席者数は36人です。またプロテスタント教会の教会員数は79人ですが、礼拝出席者数は31人しかいません。イエス様への信仰を告白したにもかかわらず、現在は教会の交わりに集っていない人たちのために祈りましょう。
28	福岡YWCAのために。キリスト教書店：福岡市のライフセンター福岡書店、新生館、その他のためにお祈りください。
29	福岡県にはキリスト教の学校が4校あり、17,667人の学生が学んでいます。その中で1割の学生だけでもイエス様に従う信仰を得たとしたら、何と力強いインパトを与えることでしょうか。
30	178床がある栄光病院のために、また一般の病院や医院で働くクリスチャンのために祈りましょう。多くの患者にとって、これは彼らがキリスト教と接する唯一の機会だということを覚えましょう。
31	キリスト教の福祉施設：長年にわたり重度心身障がい者のために働いてきた久山療育園(88床と園外患者19人)。障がいのある人に職業紹介をしている大牟田恵愛園及び恵愛ワークセンター。そして福岡県に在住している多くの外国人の救いのために祈りましょう。
11/1	教会のない3つの市、そして教会が1つしかない7つの市のために祈りましょう。 筑前町(30,000人)、須恵町(29,000人)、水巻町(28,000人)には教会がありません。三井郡(15,630人)には1つの町があり、人口が減少している八女郡(約20,000人)にも1つの町がありますが、どちらにも教会はありません。

11月2日～7日　佐賀県

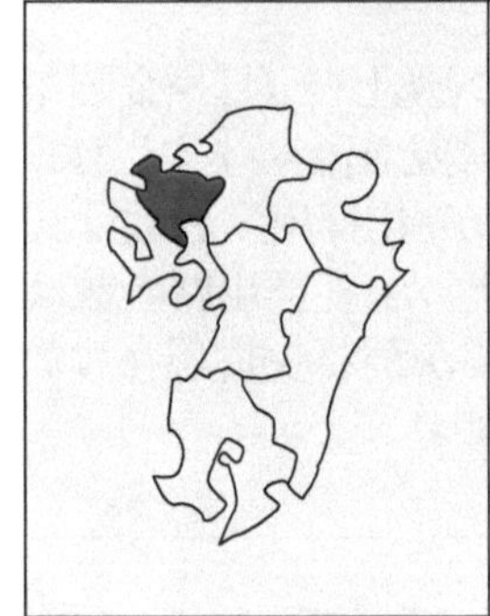

人口	801,241人	面積	2,441 km²
県庁所在地	佐賀市	密度	328人/km²
市	10	教会のない市	神埼市　31,981人
	教会が1つしかない市　3		武雄市　47,203人
	鹿島市　27,183人		多久市　17,881人
町/村	10	教会のない町/村	9
		人口2万以上で教会のない町/村	2
	みやき町　25,523人		白石町　21,459人
教会	32	1教会あたりの人口	1:25,039人
宣教師	2人	宣教師1人あたりの人口	1:400,621人

佐賀県は韓国と海を挟んで200kmしか離れていません。佐賀県の気候は比較的穏やかですが、山間部と玄界灘に面した地域では時折寒冷前線が寒さをもたらします。

佐賀県の経済は農業が強固に支えています。佐賀平野では多くの運河によって稲作が盛んで、過去には全国1の米の収穫量を誇りました。

佐賀県の文化はこれまで多くの影響を受けてきました。韓国と中国の影響、またキリシタンの影響も九州一帯に見られます。昔からの神社としては、鹿島市の祐徳稲荷神社、佐賀藩の藩主鍋島を祀る松原神社があり、また多久市には孔子を祀る多久聖廟があります。

佐賀藩の家老であった若狭守村田政矩が長崎で沿岸警備に当たっていた時に、海から引き上げられた聖書を手に入れました。後にオランダ人宣教師グイド・フルベッキが、彼と弟の綾部光熙を信仰に導き洗礼を授けました。村田は故郷に戻るとフルベッキたちを佐賀に招いて、1880年に聖書講義所を開き、1890年には佐賀教会が設立されました。

2	佐賀県の32プロテスタント教会の牧師と信者の間で、強い協力の精神が持てるように祈りましょう。801,241人の総人口のうち600人以下しかプロテスタント教会に通っていません。主の力によって、ギデオンと300人の兵士が、ミデアン人の大軍を負かしました。信者のために特別な勇気が与えられるように祈りましょう。
3	4幼稚園と3保育園で教えている聖書の話が、530人の子どもたちの心に永遠に残るように祈りましょう。
4	長崎のNBC放送が放送している「世の光」(日曜午前6:40)をより多くの佐賀県民が聞いて、救い主のもとに来ますように。。
5	キリスト教の社会福祉施設:50人の高齢者が住むシオンの園、知的障がい者のための富士学園のためにお祈りください。この県でキリスト教の学校や病院・医院が始まるように祈りましょう。
6	町が3つある三養基郡(52,312人)と、町が1つの神埼郡(16,308人)には教会がありません。教会を必要としているこの地方のために、涙と共にとりなしをお祈り下さい。
7	教会がない神埼市、そして教会が1つしかない、武雄市、鹿島市、多久市のためにお祈りください。 佐賀県では、市町村合併前に36の町や村に教会がありませんでした。合併によって教会のある自治体の一部になった、それらの町と村のためにお祈りください。

11月8日〜13日　長崎県

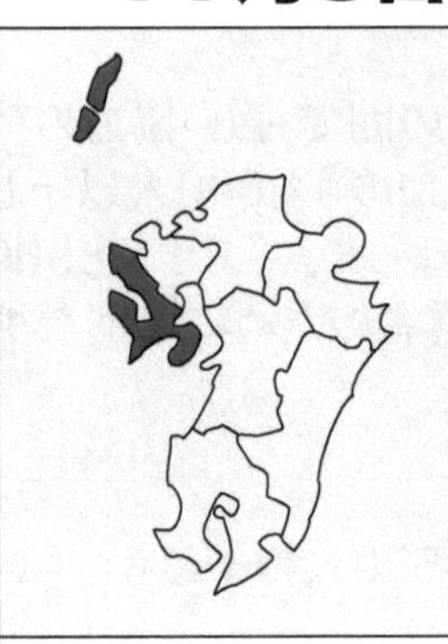

人口 1,286,193人　面積 4,131 km²
県庁所在地　長崎市　密度 311人/km²
市　13　教会のない市　雲仙市　40,297人
教会が1つしかない市　3　西海市　25,239人
壱岐市　24,090人　松浦市　20,578人
町/村　8　教会のない町/村　5
人口2万以上で教会のない町/村　長与町　40,054人
教会　60　1教会あたりの人口　1:21,437 人
宣教師　11人　宣教師1人あたりの人口　1:116,927人

長崎県は県自体が半島ですが、その中にも数多くの半島があります。農業と漁業が長崎県の主要な産業です。松浦半島にある北松炭田は、北海道・北九州と並んで炭鉱業の牽引役を担ってきましたが、石炭の需要の減少によって急速に衰退しています。

江戸時代の鎖国政策によって、長崎は日本で唯一外国船に開かれた港でした。長崎には初期に多くのキリシタンがいて、その多くは弾圧の中で殉教者として亡くなりました。明治時代になって日本が開国をすると、多くの隠れキリシタンが発見されて教会も再び多く設立されました。長崎県にはカトリック信者が国内で最も多くいますが、プロテスタント信者は比較的少数です。

1858年7月28日に日米修好通商条約が締結されて、1859年には宣教師が長崎に入れるようになりました。キリスト教は禁じられていたので、宣教師は英語を教えて、教育に興味を持った人たちに自分の信仰を分かち合う方法を模索しました。1875年に教会の建物が作られ、翌年のクリスマスに10人の教会員で長崎教会が設立されました。

8	長崎県の60の教会のうち、7教会には100人以上の教会員がいます。これらの教会がこの地方に教会を設置する新しいビジョンを持つように、特に祈りましょう。
9	長崎市のキリスト教書店シャロームのために祈りましょう。MRT宮崎放送から「世の光」(月～金曜午前5:10)と「心のともしび」(月～金曜午前5:20/土曜午前6:25)、NBC長崎放送から「心のともしび」(月～金曜午前5:25/土曜午前6:35)、「世の光いきいきタイム」(日曜午前6:40)がラジオ放送されています。
10	長いキリスト教の歴史を持つ活水学院(女子中・高・大学 1,857人)、鎮西学院(幼・高・大学 1,001人)、長崎外国語大学(740人)、その他のために。これらの学校が、聖書に強く基づいているようにお祈りください。6つのプロテスタント幼稚園と18の保育園に通う1,200人の子どもたちのほとんどは、先祖崇拝や他の神々を信仰する家庭から来ています。
11	いその産婦人科は、島原市で奉仕をしています。一般の施設で働いているクリスチャンの医師や看護士の証しのためにも祈りましょう。
12	長崎県にはプロテスタントのキリスト教の社会福祉施設がありません。高齢者施設、身体障がい者施設をとても必要としています。
13	雲仙市と長与町で、最初のプロテスタント教会が早く始まりますように。 長崎県では、市町村合併前に52の町や村に教会がありませんでした。合併によって教会のある自治体の一部になった、それらの町と村のためにお祈りください。

11月14日～19日　熊本県

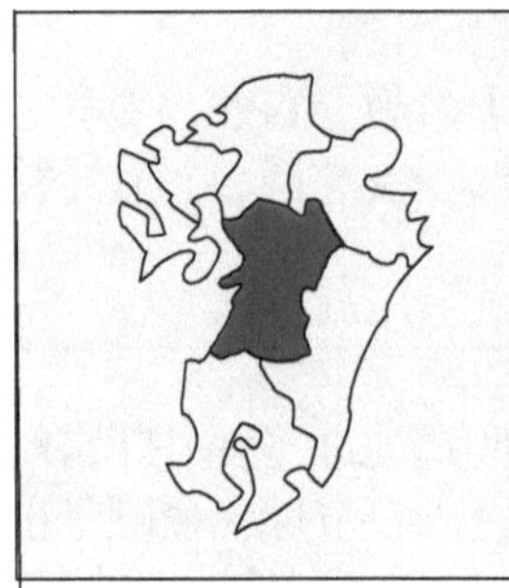

人口	1,718,836人	面積	7,409 km²
県庁所在地	熊本市	密度	232人/km²
市	14	教会のない市　上天草市	23,606人
	教会が1つしかない市	玉名市	63,075人
町/村	31	教会のない町/村	23
	人口2万以上で教会のない町/村	菊陽町	44,193人
教会	92	1教会あたりの人口	1:18,683人
宣教師	11人	宣教師1人あたりの人口	1:156,258人

熊本県は九州の中央部に位置し、福岡県、大分県、宮崎県、鹿児島県と接しています。西には有明海と島原湾、八代海があります。九州本土の最高峰がある九州山地が南部にあり、北部に筑紫山脈があります。熊本県の活火山である阿蘇山とその周囲130kmにおよぶ噴火口は、その種の火山で世界でも最大です。宇土半島は天草諸島が点在する海に突き出ています。

熊本市の周辺では気温の変動が激しいですが、全般的に気候は温暖で穏やかです。

熊本県民は九州の他の地域に比べてもより保守的で、多くの人は信心深く仏教を信じています。有名な神社としては、奈良時代にまで遡る阿蘇神社、南北朝時代の菊池氏を祀った菊池神社と加藤清正を祀った加藤神社があります。

退役した陸軍大尉のL.L.ジェーンズが、1871年に熊本洋学校を作るために熊本に招かれました。彼の力強いクリスチャンとしての証しの結果、多くの学生が信仰へ導びかれ、1876年に35人の青年が熊本バンドを結成しました。その後彼らは熊本にいられなくなって、京都の同志社へ移りました。

熊本県で最初のプロテスタント教会は英国国教会で、1879年に3人の洗礼を受けた人たちの交わりから始まりました。

14	福音伝道のテレビ番組が早く放送されるようにお祈りください。RKK熊本放送のラジオ番組「世の光いきいきタイム」(日曜午前5:45)と「心のともしび」(月～金曜午前5:10/日曜午前6:05)が最大限に用いられるように祈りましょう。
15	熊本YMCA阿蘇キャンプ、ともしび聖書キャンプ場、ルーテル阿蘇山荘、キリスト教書店ハレルヤとブックセンターオアシスのために神様の祝福をお願いしましょう。
16	キリスト教の学校:九州学院(中・高 1,401人)、九州ルーテル学院 (幼・中・高・大学 1,455人)。 県内にはプロテスタントの9幼稚園と13保育園があり、2,000人以上の子どもたちが通っています。
17	ハンセン病に冒された患者を中心とした奉仕をしている聖公会菊池黎明教会の働きのために。
18	キリスト教の社会福祉の働きには、6人の視覚障がい児と13人の聴覚障がい児のための熊本ライトハウスと、40人の知的障がい者のための熊本ライトハウスのぞみホームがあります。高齢者と子どものための様々な働きをしている慈愛園のためにも執り成しの祈りをしましょう。
19	上天草市は2004年にできましたが教会はありません。玉名市 (63,075人)には教会が1つしかありません。またこの県の他の多くの地域でも教会が非常に不足しています。 熊本県では、市町村合併前に68の町や村に教会がありませんでした。合併によって教会のある自治体の一部になった、それらの町と村のためにお祈りください。

11月20日～25日　社会人への伝道

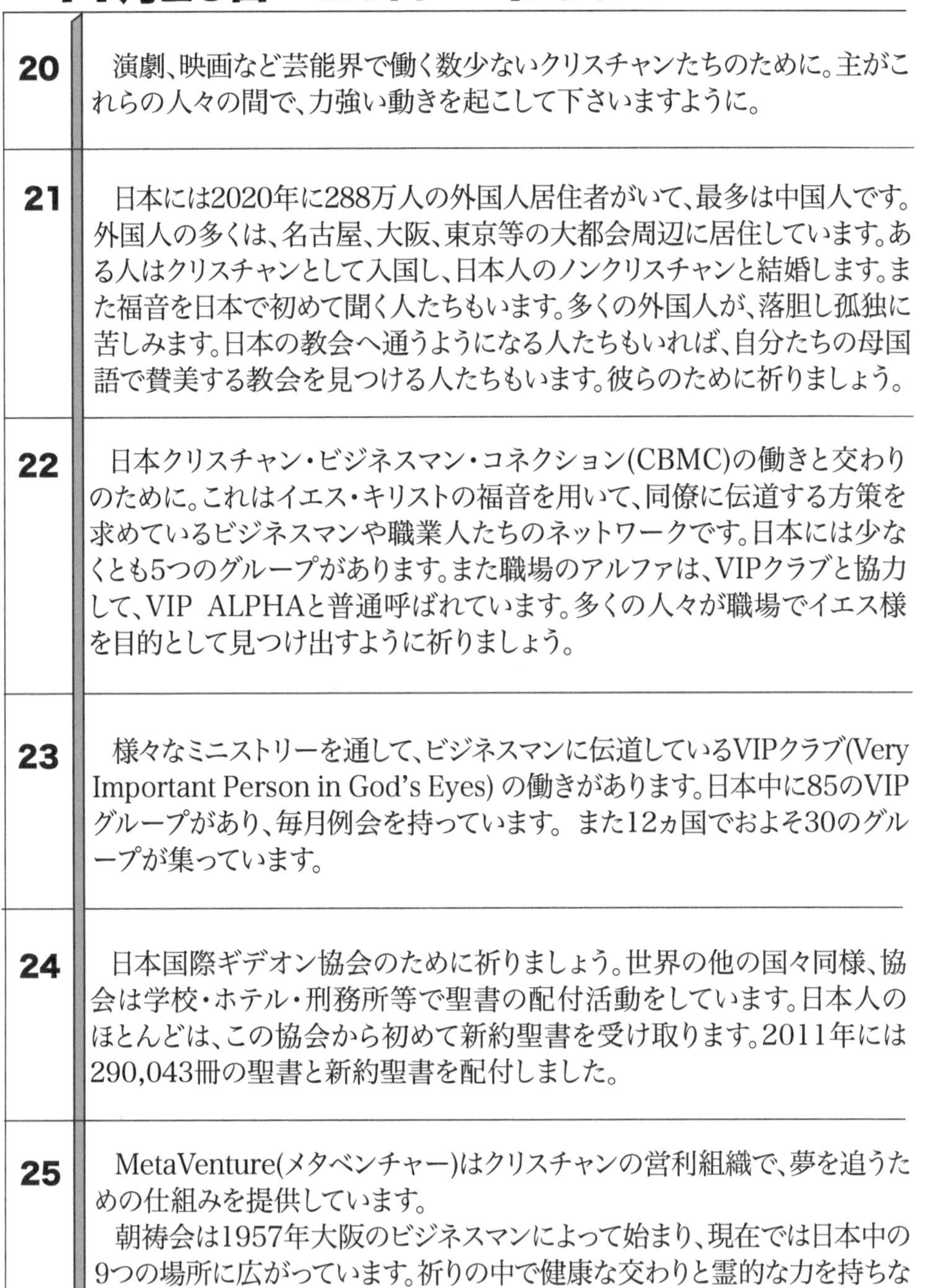

20

演劇、映画など芸能界で働く数少ないクリスチャンたちのために。主がこれらの人々の間で、力強い動きを起こして下さいますように。

21

日本には2020年に288万人の外国人居住者がいて、最多は中国人です。外国人の多くは、名古屋、大阪、東京等の大都会周辺に居住しています。ある人はクリスチャンとして入国し、日本人のノンクリスチャンと結婚します。また福音を日本で初めて聞く人たちもいます。多くの外国人が、落胆し孤独に苦しみます。日本の教会へ通うようになる人たちもいれば、自分たちの母国語で賛美する教会を見つける人たちもいます。彼らのために祈りましょう。

22

日本クリスチャン・ビジネスマン・コネクション(CBMC)の働きと交わりのために。これはイエス・キリストの福音を用いて、同僚に伝道する方策を求めているビジネスマンや職業人たちのネットワークです。日本には少なくとも5つのグループがあります。また職場のアルファは、VIPクラブと協力して、VIP ALPHAと普通呼ばれています。多くの人々が職場でイエス様を目的として見つけ出すように祈りましょう。

23

様々なミニストリーを通して、ビジネスマンに伝道しているVIPクラブ(Very Important Person in God's Eyes) の働きがあります。日本中に85のVIPグループがあり、毎月例会を持っています。 また12ヵ国でおよそ30のグループが集っています。

24

日本国際ギデオン協会のために祈りましょう。世界の他の国々同様、協会は学校・ホテル・刑務所等で聖書の配付活動をしています。日本人のほとんどは、この協会から初めて新約聖書を受け取ります。2011年には290,043冊の聖書と新約聖書を配付しました。

25

MetaVenture(メタベンチャー)はクリスチャンの営利組織で、夢を追うための仕組みを提供しています。

朝祷会は1957年大阪のビジネスマンによって始まり、現在では日本中の9つの場所に広がっています。祈りの中で健康な交わりと霊的な力を持ちながら、この動きが成長し続けますように。

JETクリスチャン・フェローシップのメンバーは、日本外国語青年招致事業(JET)の教師たちです。彼らは教会がほとんどなく、他のクリスチャンとの交わりもないような地方に住んで、英語を教えているクリスチャンです。JETメンバーの中には、その地域に住む人々が初めて接したクリスチャンであるということさえあります。神様が私たちを成長させ、神様の手となり足となることができるように、すべてのクリスチャンJETのために祈る必要があります。

福音伝道のためのサイト

・3Light Cross<3lightcross.com>には、さまざまな動画や解説があります。

・GTACでは、まだ福音が届いていない人たちに届け、引き込むための動画を作成しています。<gtac.jp/films>

・イエス・キリストの愛と出会って <jesusloves.jp>には、動画・マンガがあります。

・望ドア<nozomidoor.jp>は、ひきこもりの人たちに向けたサイトです。短編映画「望」<https://www.youtube.com/watch?v=eZ4Pcb-PYKOo>

・HomeJP　東京コミュニティケアセンター(T3C) < tokyoccc.com >

・The Good News <thegoodnews.jp>

子ども向けサイト

・トレジャーハント< https://ja.treasurehuntproject.com/ >は、マンガ(24か国語)とアプリ(Android、IOS版)で神様を知る冒険ができます。ニューデイツゥデイ< newdaytoday.net >のプロジェクトの1つです。

11月26日～12月1日　大分県

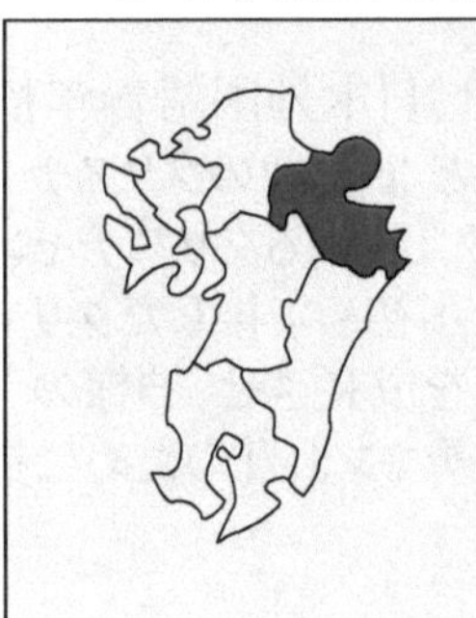

人口	1,107,886人	面積	6,341 km²
県庁所在地	大分市	密度	175人/km²
市	14		

教会が1つしかない市　6　宇佐市　51,441人
由布市 32,395人　杵築市 27,030人　国東市 25,407人
竹田市 19,540人　津久見市 15,330人

町/村	4	教会のない町/村	1
教会	64	1教会あたりの人口	1:17,311人
宣教師	4人	宣教師1人あたりの人口	1:276,972人

大分県には山地が多く、平地は大分市と中津市などにしかありません。概して気候は暖かく雨が多いですが、国東半島と北部では雨がほとんど降りません。

大分県は九州の他の県とは常に異なってきました。関西と四国地方の影響が強く、大分県民は個人主義と合理主義に重きを置いています。

宇佐神宮は古くから有名な場所です。特に宇佐市から国東半島にかけては、神仏習合の山岳信仰が盛んです。

フランシスコ・ザビエルは1551年に大分の大友義鎮(宗麟)の庇護を受け、その結果多くがキリシタンになりました。徳川幕府のキリスト教禁教政策は明治時代まで続いたので、クリスチャンになることが違法ではなくなった後も、偏見と拒否の風潮が続きました。

1888年に南部メソジスト派の宣教師、W.R.ランブース、B.W.ウォルターズ、S.W.ウェインライトが大分の中学校で教えるために派遣されました。同年24人の学生が受洗して、大分南メソヂスト教会が設立されました。記録によると翌年の大晦日の祈祷会で聖霊が教会に素晴らしいリバイバルをもたらして、青年たちが外へ出て福音を述べ伝えたとのことです。

26	大分県では人口に対する教会の割合が、九州の他の県より高くなっています。福音を聞く機会がほとんどない人たちのためにお祈りください。
27	県内の多くの地域では、キリスト教関係の書籍を簡単に手に入れる手段がありません。福音を分かち合うために、教会が創造的な方法を見つけられるように祈りましょう。
28	大分県内にキリスト教の学校は1つも見当たりません。クリスチャンの教師たちが、明治時代の英語教師たちと同様の熱意を持てるように祈りましょう。1,200人の子どもたちとイエス様を分かち合っている、6幼稚園と9保育園のために祈りましょう。
29	大分県でクリスチャンが運営している医療機関としては、吉田医院、井野辺病院、大分ルカス医院などがあります。これらが神様の愛、癒しの力、救いの良き証しとなるように祈りましょう。
30	キリスト教社会福祉の働きをしている、185人のための児童養護施設と乳児院の栄光園、50人の子どものための別府平和園を祈りに覚えましょう。いずみの園は特別養護老人ホームとデイサービスセンターを運営しています。
12/1	教会が1つしかない6つの市、特に人口が51,441人の宇佐市のためにお祈りください。 大分県では市町村合併前に40の町や村に教会がありませんでしたが、合併によって教会のない町や村の数は、40から1つの村だけになりました。合併によりわかりにくくなっていますが、中には依然として教会がない地域も多いのです。どうぞお祈りください

12月2日～7日　宮崎県

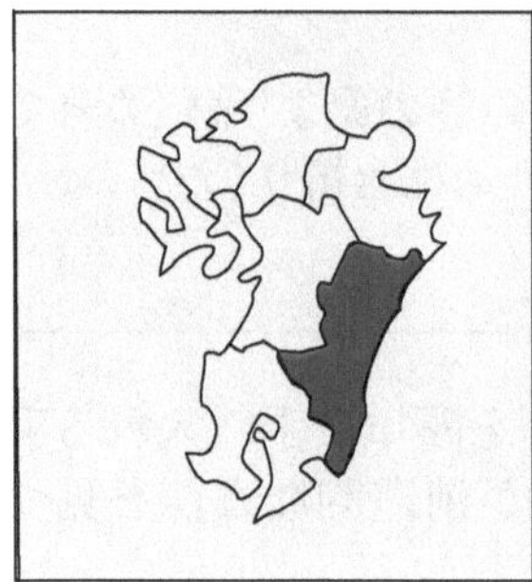

人口	1,053,609 人	面積	7,735 km²
県庁所在地	宮崎市	密度	136人/km²
市	9	教会が1つしかない市	2
	えびの市　17,104人	串間市	16,222人
町/村	17	教会のない町/村	10
	人口2万以上で教会のない町/村	三股町	25,524人
教会	62	1教会あたりの人口	1:18,057人
宣教師	10人	宣教師1人あたりの人口	1:105,361人

気候は県全域で概して暖かく、降水量が多いです。梅雨の激しい雨や台風で被害が出ることがあります。

宮崎県は九州の南西部に位置しています。北は九州山地で大分県に接し、西は熊本県、南西は鹿児島県に霧島山と大隅半島の根元で接しています。東は日向灘に面していてなだらかな100kmに及ぶ海岸線が続いています。宮崎県の南北の長さは170kmで東西は70kmです。宮崎平野が海岸線の内側に広がっていて、鹿児島県の南之郷を水源とする大淀川が流れています。

県全域にわたって温暖で激しい降雨があります。平野部では降雪は全くありませんが、集中豪雨や雨期に台風が重なった場合には甚大な被害を及ぼすことがあります。

農業従事者の数は減少していますが、依然として全労働者の半数以上を占めています。漁ができる範囲が狭いものの漁業は良好です。製造業と重工業は地理的な要因によって発達していません。

宮崎県には2,000以上の古墳があり、古代の文化的遺物が数多く発掘されています。このような文化的背景を持っているので、宮崎県民は伝統に重きを置き、共同体とのつながりを重視する傾向が見られます。鵜戸神宮、宮崎神宮、高千穂神社など、神話を元とした多くの神社があります。

1879年にアメリカン・ボードのO.H.ギューリック宣教師が宮崎に招かれ、新島襄等と共に来ました。彼らはそれぞれ宮崎の別の場所で働き、1888年に高鍋に教会ができました。しかし宮崎県で最初の教会は、その前の年に宮崎市にできました。

2	牧師や教会の間で一致と協力の気持ちがもてるように祈りましょう。宮崎県全体で62教会が、今週の日曜日に礼拝に集います。聖霊が各々の信者や牧師に力を与えて下さり、神様の御こころを自分たちの地域で行うことができますように。
3	キリスト教書籍がクリスチャンを霊的に強め、また未信者への効果的な証しとなるように、宮崎ともしび書房のために祈りましょう。
4	MRT宮崎放送から、ラジオ番組「世の光」(月～土曜午前5:10)とカトリックの「心のともしび」(月～金曜午前5:20)が放送されています。 テレビ伝道 ・ キリスト教の学校・キャンプ場・修養施設・医療施設は全くありません。クリスチャンの指導者たちが、これらの働きを始めるために導かれるように祈りましょう。神様が、キリスト教の9つの幼稚園と9つの保育園に通う874人の子どもたちと、以前通っていた何千人もの子どもたちの心を開いてくださいますように。
5	クリスチャンの医師や看護師が、患者に肉体面だけでなく、霊的な癒しも与えられるように、またその同僚の医師や看護師たちに証しができるように祈りましょう。
6	宮崎県では10人の宣教師が働いています。教会に寄り添って良い働きをし、多くの人々をイエス様の所に導けるように祈りましょう。
7	特にお祈りが必要な地域は、三股町(25,524人)など教会のない人口の多い町です。また東臼杵郡と西臼杵郡は山間部で人口が減少している地域ですが、7町村に合計43,223人以上がいて、教会は2つしかありません。 宮崎県では、市町村合併前に26の町や村に教会がありませんでした。合併によって教会のある自治体の一部になった、それらの町と村のためにお祈りください。

12月8日～13日　鹿児島県

人口　1,566,659人　面積　9,187 km^2
県庁所在地　鹿児島市　密度　171人/km^2
市　19　教会のない市　曽於市　32,053人
教会が1つしかない市　7 日置市　46,57人南九州市 31,807人
南さつま市 31,973人　志布志市 28,501人　枕崎市 19,295人
西之表市　14,308人　垂水市　13,285人
町/村　24　教会のない町/村　14
教会　77　1教会あたりの人口　1:20,346人
宣教師　7人　宣教師1人あたりの人口　1:223,808人

鹿児島県は、九州本土と、海上に多く点在する島々、甑島列島と薩南諸島に分けられます。

鹿児島県は宮崎県と共に、古代における九州の文化的中心でした。鹿児島県の人は宗教に対してはほぼ平均的な関心を持ち、しかし比較的高い割合の人が仏教と神道に偏っているようです。

1549年にフランシスコ・ザビエルが鹿児島に上陸して、日本にカトリックをもたらしました。多くの人がキリシタンになりました。

1873年、キリスト教禁教令が廃止された年に、アメリカ・オランダ改革派の宣教師が鹿児島に聖書を教えるために来ました。翌年には英国国教会の信者が伝道活動を始めました。しかし西南戦争による混乱の影響で今にまで続く成果は見られません。1878年には鹿児島で宣教を始めた別の英国国教会信者が、1人の英国人宣教師と数人の神学校の学生に協力を仰ぎ、教会の建物をたてあげることができました。同じ年、メソジスト教会も設立されて現在に至っています。

8	教会のない曽於市のために。そして教会が1つしかない7つの市で、新しく教会ができますように。
9	鹿児島一麦書店と鹿屋クリスチャンセンター書店のために。カトリックの「心のともしび」(月〜金曜午前6:05)は、NBC南日本放送から放送されているラジオ番組です。聖霊様が、霊的な助けを求めている人々に、番組を聞かせて下さいますように。
10	鹿児島県には、キリスト教の福祉施設も医療施設もありません。病気の人やお年寄りに接する場において、クリスチャンの関わりを多くの人が見る必要があります。多くの人たちを世話する立場にあるクリスチャンのためにお祈りください。
11	セブンスデー・アドベンチストの働きである三育学院は、鹿児島市に少人数教育の小学校を持っています。本部の働きは千葉にありますが、その他7県に学校を持っています。一般の学校で教えているクリスチャンの教師や職員のために祈りましょう。鹿児島県には、13の教会付属の幼稚園と2つの保育園があり、1,500人の子どもたちが通っています。
12	2010年度の教会の平均洗礼者数は九州で最少でしたが(1教会に0.4人)、各教会につき洗礼者数0.21名という前年の記録に比べて、改善されたので、神様を褒め讃えましょう。今年は各教会に少なくても1人の洗礼者が出るように祈りましょう。
13	河辺町と頴娃町はどちらも人口14,000人ほどで人口が減少していましたが、2007年に南九州市と合併しました。どちらにも早く教会ができること、そして大きな市の中で教会がないことが目立たなくなってしまわないように、お祈りください。 鹿児島県では、市町村合併前に58の町や村に教会がありませんでした。合併によって教会のある自治体の一部になった、それらの町と村のためにお祈りください。

12月14日～19日　沖縄県

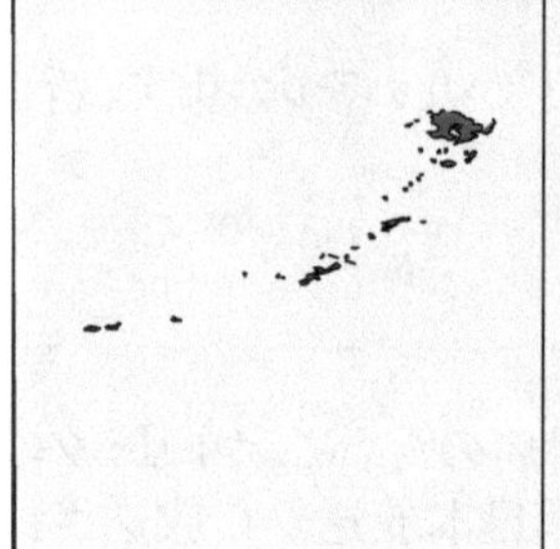

人口	1,467,800人	面積	2,281 km²
県庁所在地	那覇市	密度	643人/km²
市	11		
町/村	30	教会のない町/村	14
教会	214	1教会あたりの人口	1:6,859 人
宣教師	66人	宣教師1人あたりの人口	1:22,239人

沖縄県は日本で最も南西にある県です。太平洋の西部に位置する691の島が沖縄県に含まれます。総面積は東京都よりも広く、居住可能面積は京都府よりも広いです。 琉球諸島の中でも沖縄本島は最も大きく中心となる島で、縦は135km、横は4~25kmあります。県庁所在地の那覇市は沖縄本島にあります。

琉球諸島には沖縄諸島と宮古列島・八重山列島・尖閣諸島を含む先島諸島があり、またそれ以外にも北大東島、南大東島、沖大東島等の大東諸島も沖縄県に入ります。

沖縄の人は人種的にも言語的にも日本の他の地域の人と変わりはありません。しかし本土から離れているために、文化は独自の発展を遂げてきました。沖縄は歴史上何度も悲劇に見舞われています。政府の差別的な政策、第二次世界大戦末期に沖縄で激しい戦闘が繰り広げられたこと、戦後27年間アメリカの占領地だったこと、そして現在も沖縄本島の約15%がアメリカ軍の基地であることなどがあります。沖縄は依然として過去の傷跡を残しています。

県民のうち仏教徒がわずか1.7%、神道信者は0.3%だけです。祖先崇拝を元にした民間信仰が沖縄県民の生活の重要な一部となっています。

英国国教会の医学宣教師B.ベッテルハイムは1846年5月に那覇に来ました。その後しばらく間があって、1890年にバプテスト派の宣教師R.A.トンプソンが、沖縄で伝道を始めました。彼と共に原三千之助は翌年那覇バプテスト教会を設立しました。

人口に占める教会員数と礼拝出席者数の割合は、全国平均の3倍です。

14	沖縄の人々が愛の神の贖いの力と、主の御ことばの永遠に続く決して裏切らない約束の生ける証しとなるようにお祈りください。
15	沖縄のキャンプ場と修養施設のために祈りましょう。ぎのわんセミナーハウスと石垣島のペンション・エクレシアのために。ライフセンター・ビブロス堂、浦添市の沖縄キリスト教書店、沖縄市のエマオブックセンターのために。
16	沖縄キリスト教学院大学(474人)、沖縄キリスト教短期大学(418人)のために。沖縄クリスチャンスクール・インターナショナル(400人)には外国人居住者の子どもたちが通っています。沖縄県には教会関係の11幼稚園と17保育園があって、1,900人が通っています。
17	キリスト教の医療施設のために祈りま しょう。那覇市にあるオリブ山病院(343 床)と付属の高齢者施設オリブ園のために。これらと日本中にある同様の施設で、多くの高齢者とその家族がイエス様の元に来るよう祈りましょう。
18	キリスト教の福祉施設のために祈りましょう。与那原市にある46人の子どものための愛隣園、高齢者と身体・知的障がい者のための愛の園、70人のための特別養護老人ホーム愛の村。これらが多くの人々をキリストに導くように祈りましょう。
19	沖縄県では教会未設置の町村は47%ですが、村になるほど大きくない教会未設置の島がたくさんあります。これらの人々にも福音をもたらすために、創造的な方法が見つかるように祈りましょう。 沖縄県では、市町村合併前に19の町や村に教会がありませんでした。合併によって教会のある自治体の一部になった、それらの町と村のためにお祈りください。 ＊参照:p165に祈りの追加情報

20

多くの福音教会では、新改訳聖書を使っています。2003年に第3版が発行されて900ヶ所が改定されました。改定された中には、障がいやハンセン病に関する記述で、差別的とみなされるようになった表現もありました。2011年には30万部以上の聖書と新約聖書が売れました。2017年には全面改定が行われて、デジタル版もできました。

日本聖書協会は、120年の歴史を持つ国際聖書協会の日本支部です。聖書の翻訳・発行・販売・セミナーの開催・聖書展の主催など、活発に活動をしています。2012〜2013年には、632,869冊の聖書と新約聖書を販売しました。

21

新生宣教団は、日本と世界中において、聖書と福音文書などの出版を通じた伝道を目指しています。アジアで最大のキリスト教の出版事業です。アジア・アフリカ・東ヨーロッパなどの聖書を必要としている数多くの国に、数千万冊もの聖書を送ってきました。宣教団の目標は、年間500万冊の聖書と1,500万部の福音文書を、神様の福音をまだ受け取っていない人へと届けることです。

22

いのちのことば社は、日本で最大のキリスト教の出版・小売り・供給会社で、30の教派からの100人の日本人福音派クリスチャンが運営に携わっています。聖書・書籍・音楽・CD・DVD・コンピュータソフト・キリスト教教材・教会用品・パンフレット・贈り物・カード・3種類の月刊紙と週刊誌の発行と取り扱いをしています。またコンサート・展示会・キャンプの主催、視覚障がい者への伝道もしています。

23

CLC(クリスチャン文書伝道団)はイギリスで始まり、日本では第二次世界大戦直後に働きを始めました。その活動は日本中にある店舗を通じての、書物の出版・通信図書販売・福音的配布物の配布です。しかし2020年に、新型コロナの大流行によって解散しました。直営店6店のうち京都店は閉店、東京都の御茶ノ水店と名古屋店はいのちのことば社直営店に、他の店舗は個人店として営業を続けています。

24

多くの教会やキリスト教団体ではクリスマスの期間に、伝道集会やクリスマスのキャンドルサービスを主催して、未信者に福音を届ける素晴らしい機会としています。

ゴスペルベンチャーは、多くの人がイエス様と出会い、熱心な弟子となるための訓練の冊子です。どうぞお祈りください。

25

多くの店舗でクリスマス音楽を流し、日本中の道が飾り立てられ、お店の店員や店のマスコットがサンタの衣装をつけます。どうか多くの人が、クリスマスの本当の意味を知ることができますように。

26

私たちの世代にとって最も有名な福音伝道者は、2002年4月に天に召された本田弘慈牧師です。新しい伝道者が、この働きを続ける導きを感じるように祈りましょう。本田師が始めた日本福音クルセードの、新しいビジョンとさらなる活動のために祈りましょう。

日本福音クルセード、日本ミッション、リバイバルミッション、JEC日本福音協会は、各地の教会と協力して福音伝道を推進しています。

27

ミッション・バラバは元暴力団組員の人を中心に結成された伝道団体です。

内外盲人ミッションの働きのために。コンピュータを使って、発展途上国の視覚障がい者に点字の聖書とキリスト教書籍を提供しています。

視覚障がい者のための福祉センター、日本ライトハウスでは150人が施設を利用し、1,500人がその出版物を利用しています。支援センター・点字図書館があり、コンサートも開催しています。

いのちのことば社の視覚障がい者のための働きには、点字図書・雑誌・トラクトの出版、視聴覚貸出用図書館、ラジオ番組の提供、セミナーの開催などがあります。

日本盲人キリスト教伝道協議会は、視覚障がい者と共に働く団体や個人の伝道団体です。1951年に組織され、現在は35団体と約500人の維持会員がいます。

文書伝道

28

いのちのことば社の「クリスチャン新聞」は、毎週1万部の新聞を発行しています。またノンクリスチャンと福音を分かち合うための成人向けの月刊「クリスチャン新聞福音版」は、1年間で100万部を発行しています。また「 クリスチャン新聞オンライン」もあります。

著名なクリスチャン作家である三浦綾子氏は1999年に天に召されました。神様が、一般の人々と教会の橋渡し役となる新しい作家を起こしてくださるように祈りましょう。彼女の作品は日本語のほか、英語・中国語・韓国語・フィンランド語・ベトナム語・ドイツ語など15ヶ国語以上に翻訳されて、多くの人に読まれています。主な作品としては、「塩狩峠」、「氷点」、「海嶺」などがあります。これらの本を通して、多くの人がイエス様に興味を持つようになりますように。

29

運動選手やスポーツ指導者の救いのために。数少ないクリスチャン・アスリートたちが、力強い証しができるように祈りましょう。外国人のクリスチャン野球選手・バスケットボール選手・サッカー選手が、日本のプロのリーグでプレーをすることがあります。

スポーツ・アウトリーチ・ジャパンは、スポーツ伝道をしています。

30

年末年始は8月のお盆同様、人が移動する時です。多くのクリスチャンが、故郷に戻り家族たちと共に過ごすのです。彼らがイエス様の証人として、効果的な証しができるように祈りましょう。

31

「あなた方を、つまずかないように守ることができ、傷のない者として、大きな喜びをもって栄光の御前に立たせることのできる方に、すなわち、私たちの救い主である唯一の神に、栄光、尊厳、支配、権威が、私たちの主イエス・キリストを通して、永遠の先にも、今も、また世々限りなくありますように。アーメン」(ユダの手紙24-25節)

クリスチャンと教会が、新たな恵みの年に期待するように祈りましょう。

クルセード（大衆伝道）

日本が第二次世界大戦で敗れた後、アメリカは食料を含む大規模な救援活動を行いました。西洋の教会も多くの福音、あるいは教会援助のプログラムで特別な活動を行いました。ポケット・テスタメント・リーグは、日本中にヨハネの福音書を配布しました。また全ての都道府県において、福音集会が開催されました。東京のような大都市では大きなホールを借りて福音を説きました。クルセードあるいは大衆伝道は1950年前後に本格的に始まり、1956年にはビリー・グラハムが来日し、東京の両国日大講堂で集会を行いました。

また同じ頃主流派の教会においては、戦前から熱心に伝道活動をしていた賀川豊彦と木村清松が、大規模な伝道集会を開催しました。スタンレー・ジョーンズなどの外国人も、全国で福音を分かち合いました。

1950年にラクール音楽伝道が、全国伝道活動を始め、1967年までに33の新しい教会ができました。1959年には大阪で、ワールド・ビジョンのボブ・ピアスが大規模なクルセード集会を行い、1961年には東京でも同様の催しが開催されました。

その頃、本田弘慈牧師が日本全国の伝道集会において福音を説くという使命を与えられ、日本福音クルセードを創設し、1964年に東京で集会を実施しました。

1967年にはビリー・グラハムの第1回クルセードが東京で行われました。1980年の第2回クルセードは、沖縄・大阪・福岡・東京で、第3回は1994年に東京ドームで行われました。その前年の秋には、滝本順牧師が神戸で全日本リバイバル甲子園ミッションを開催しました。その後も大規模なクルセード集会が、主に韓国人伝道者によって何回も開かれています。

日本国内の韓国人宣教師と韓国教会（2005年5月）

県	宣教師数	教会数	県	宣教師数	教会数	県	宣教師数	教会数	県	宣教師数	教会数
北海道	14	7	東京	171	106	滋賀	5	3	香川	0	0
青森	3	2	神奈川	42	25	京都	18	10	愛媛	2	2
岩手	0	0	新潟	2	2	大阪	121	73	高知	0	0
宮城	8	4	富山	0	0	兵庫	35	25	福岡	22	10
秋田	1	1	石川	0	0	奈良	3	2	佐賀	1	2
山形	6	3	福井	4	3	和歌山	6	6	長崎	1	1
福島	1	1	山梨	6	5	鳥取	0	0	熊本	3	2
茨城	16	11	長野	3	2	島根	2	1	大分	3	2
栃木	6	4	岐阜	5	3	岡山	4	2	宮崎	2	1
群馬	11	7	静岡	13	8	広島	6	4	鹿児島	2	1
埼玉	23	14	愛知	23	11	山口	3	2	沖縄	8	4
千葉	49	29	三重	1	1	徳島	0	0	合計	655	402

祈りの追加情報

茨城県: LuckyFM茨城放送のラジオ番組「世の光」(日曜午前7:10)、「あさのことば」(月～金曜午前6:12)、カトリックの「イエスと共に歩む時間」(日曜午前8:45/午後10:45)。プロテスタントの幼稚園20と保育園5(合計2,350人)。社会福祉施設:知的障がい者のための幸の実園(133人)、児童養護施設チルドレンズ·ホーム(34人)。

埼玉県: 高齢者施設:川越キングスガーデン(80人)、シャローム·ガーデン坂戸(81人)。児童養護施設:愛泉乳児園(40人)、ホザナ園(50人)、知的障がい児のための久美愛園(50人)、その他。6つの医療機関。

千葉県: 書店:恵泉書房、愛信書房。学校:聖書学園千葉英和高校(1,080人)、三育学院中学校(315人)。神学校:日本宣教バプテスト神学校。女性のためのシェルター:望みの門学園、旭ヶ丘母子ホーム、ベタニヤホーム。知的障がい児の八幡学園。

東京都: キャンプ·修養施設:奥多摩バイブルシャレー、奥多摩福音の家、大島いずみのいえ。専門学校:8(4,000人以上)。病院:誠志会病院(160床)、救世軍ブース記念病院(199床)、賛育会病院(199床)、聖路加国際病院(520床)、緩和ケア病棟がある救世軍清瀬病院(142床)、その他。

神奈川県: キャンプ·修養施設:5。学校:17。専門学校:5(600人)。社会福祉施設:31以上。

中部地方: ラジオ放送「世の光」(月～土曜午前6:10)、「世の光いきいきタイム」(日曜午前6:35)。)。

新潟県: 上越伝道協力会。テレビ番組「ライフ·ライン」(土曜午前5:15)。

長野県: キャンプ·修養施設:松原湖バイブルキャンプ(180人)、東京YMCA野辺山センター、東京YMCA野尻湖キャンプ、東京YWCA野尻湖キャンプ、その他。

岐阜県: ラジオ番組「世の光」(月～土曜午前6:10)。

静岡県: 社会福祉施設: 障がい者支援の武蔵野会さくら学園、浜名湖エデンの園、高齢者のための伊東市の伊豆高原十字の園(90人)、浜松市の浜松ゆうゆうの里(261戸)。

愛知県: 名古屋と周辺の教会団体による東海宣教会議。

近畿地方: ラジオ番組:「まことの救い」(月曜午前4:35)、カトリックの「心のともしび」(月～金曜午前5:45/土曜午前4:55)。学校:24(10万人以上)。神学校:23(1,000人以上)。

三重県: 高齢者施設:12(600人以上)。

京都府: 学校:平安女学院(1,077人)KIUアカデミー(235人)、京都インターナショナルスクール(105人)。神学校:聖イエス会ロゴス神学院(8人)、ウイリアムス神学館(10人)。22の幼稚園と25の保育園(合計4,841人) 。

大阪府: 病院: 聖バルナバ病院 (73床)、愛染橋病院 (253床)、公道会病院(141床)、淀川キリスト教病院 (630床)、大阪暁明館病院 (462床)、その他。学校: 梅花学園 (1,625人)、桃山学院 (9,263人)、大阪女学院 (2,170人)、大阪キリスト教学院 (623人)、プール学院 (1,89人)、清教学園 (2,280人)。神学校:アンテオケ国際宣教神学校 (200人)、大阪聖書学院 (15人)、関西聖書神学校、福音聖書神学校 (15人)、大阪キリスト教学院 (16人)。

兵庫県: 学校:日ノ本学園(813人)、啓明学院(1,169人)、神戸女学院 (3,561人)、関西学院(27,482人)、関西学院聖和短大 (1,200人)、夙川学院(2,241人)、頌栄保育学院 (342人)、松蔭女学院 (3,312人)、その他。44の幼稚園と26の保育園 (合計8,113人)。専門学校:6(2,500人以上)。

奈良県: プロテスタントの幼稚園と保育園:7(合計8,113人)。奈良福音同盟。

鳥取県: 社会福祉施設:スマイルセンター倉吉、聖園天使園、母子生活支援施設のぞみ、鳥取フレンド。

広島県: キャンプ·修養施設:ユカリス湯来、広島YMCA国際文化センター。社会福祉施設: IGL学園福祉会(高齢者福祉施設41事業所、4つの認定こども園、医療福祉専門学校、2つのクリニックなどを運営) 。

山口県: 日本国際ギデオン協会の2つの支部。岩国YMCA国際医療福祉専門学校 。

徳島県: 社会福祉施設:博愛ヴィレッジ(60人)。

香川県: 高齢者施設:紅山荘、ケアハウスベテル。

愛媛県: 児童養護施設:あすなろ学園、あゆみ学園、松山乳児院、松山信望愛の家。

福岡県: 学校:福岡女学院(3,652人)西南学院(10,000人以上)、西南女学院(2,000人以上) 、折尾愛真学園 (1,425人)。プロテスタントの幼稚園42と保育園6:(合計400人)。

沖縄県: キリスト教番組:ROKラジオ沖縄の「世の光」(土曜午前6:45分)、「まことの救い」(日曜午前6:15)、「バプテストアワー」(日曜午前6:35)。テレビ番組「ライフ・ライン」(土曜午前5:30)。

索引

オペレーション日本
祈りのガイド　日本語第3版

2023年3月
編集者　ドン・ライト
副編集者　福島晶子
表紙デザイン　コートニー・デューゼンベリー

Made in United States
Troutdale, OR
09/25/2023

13183579R00096